# PARA CURTIR
# E COMPARTILHAR

Padre EVALDO CÉSAR DE SOUZA, C.Ss.R.

# PARA CURTIR E COMPARTILHAR

## Reflexões para jovens

EDITORA
SANTUÁRIO

Direção editorial:
Pe. Marcelo C. Araújo, C.Ss.R.

Coordenação editorial:
Ana Lúcia de Castro Leite

Copidesque:
Leila Cristina Dinis Fernandes

Revisão:
Luana Galvão

Diagramação:
Mauricio Pereira

Capa:
Sidney S. G. Santos

**Dados Internacionais de Catalogação na Publicação (CIP)**
**(Câmara Brasileira do Livro, SP, Brasil)**

Souza, Evaldo César de
Para curtir e compartilhar: reflexões para jovens / Evaldo César de Souza. – Aparecida, SP: Editora Santuário, 2013.

ISBN 978-85-369-0299-9

1. Educação cristã 2. Fé 3. Igreja – Trabalho com jovens 4. Jovens – Vida religiosa 5. Reflexões I. Título.

13-03598 CDD-259.23

**Índices para catálogo sistemático:**

1. Ministério com jovens: Cristianismo 259.23



Composição, CTcP, impressão e acabamento:
**EDITORA SANTUÁRIO** – Rua Padre Claro Monteiro, 342
12570-000 – Aparecida-SP – Fone: (12) 3104-2000

Dedico este livro aos meus pais,
Acir e Maria José, e aos meus irmãos,
Ernani, Erasmo, Eduardo e José Ezequiel,
que, mesmo distantes no cotidiano,
são partes fundamentais do tesouro da minha vida.

# SUMÁRIO

# APRESENTAÇÃO

Este é um livro escrito para jovens *que têm fé*. Não qualquer fé, mas para jovens que têm fé em Jesus Cristo! É bom dizer isso logo no início para não corrermos o risco de surpreender leitores distraídos. Entretanto, pode ser que você não seja lá um grande exemplo de pessoa confiante em Deus, mas se este livro parou em suas mãos, é *porque Deus tem seus propósitos*. Então, ainda que você não conheça profundamente quem é Jesus, quero convidá-lo a deixar-se envolver pelas páginas que seguem. Este livro poderá ser útil, tantos para uns quantos para outros, e o que está aqui escrito pode transformar sua vida para melhor ou, no mínimo, dar a ela um pouco mais de sabor e sentido.

Mas, para que este livro possa ajudá-lo a reforçar sua experiência de fé, é preciso querer fazer este encontro redentor, é preciso querer encontrar nas páginas que seguem a inspiração para modificar hábitos e reeducar valores; aceitar que nem tudo o que estamos fazendo está correto, mas também se animar a ser um jovem cristão, sem que isso signifique ter uma vida chata e monótona. As páginas deste livro serão redentoras se de sua parte houver permissão para deixar Deus lhe falar e orientá-lo.

Outra coisa importante: este não é um livro científico, nem está repleto de citações importantes, e muito menos um livro para sábios; é apenas um esforço de um jovem padre em tentar iluminar algumas situações da vida de modo a torná-las menos pesadas e mais prazerosas. Tenho aprendido que se não houver prazer e vontade, nada sai do lugar! Até para as atividades mais árduas e difíceis é preciso ter alegria. *"Uma colher cheia de açúcar ajuda a tragar o remédio"*, já cantava Julie Andrews, num clássico filme de minha infância![1]

Assim, querido jovem leitor, nosso objetivo com este livro é muito simples: reforçar sua fé em Jesus Cristo pela prática já consagrada de unir fé e vida, iluminar os momentos do cotidiano com a espiritualidade cristã e mostrar, no fim de tudo, que ser um jovem amadurecido na fé em nada diminue os prazeres mais singelos da juventude. Ao contrário, o jovem cristão, consciente de seu papel na construção do Reino de Deus, terá mil razões para sentir-se muito mais feliz do que aqueles que *"tentando ganhar tudo, acabam por tudo perder"* (cf. Mt 16,25).

Esclarecidas as regras do jogo, posto claro nosso objetivo, peças na mesa, é hora de começar nossa caminhada. Como faremos? Como todo itinerário, é preciso ter um ponto de onde saímos e um rumo para o qual miramos. Não quisemos criar nada de excepcional para o percurso de nossas reflexões. Assim, decidi por escrever sobre temas distintos e complementares. Cada capítulo do livro pode ser lido isoladamente, ainda que todo o livro seja também coerente e conexo. As reflexões levam em conta as angústias dos próprios destinatários do livro, os jovens, que nos ajudaram, por meio das redes sociais, a enumerar os assuntos mais relevantes com os quais a juventude lida diariamente. Ao final de cada capítulo, um conjunto de perguntas poderá ajudá-lo a pensar e, quem sabe, provocar debates em seu grupo de jovens. Também colocamos alguns quadros explicativos, com curiosidades, ao longo dos capítulos. E, na parte final do livro, ousamos incluir alguns textos anexos sobre como formar um grupo de jovens. Esses textos foram publicados na Revista de Aparecida e fizemos uma pequena edição para colocá-los aqui.

---

[1] Referência ao clássico filme "Mary Poppins", dos estúdios Disney.

Queremos que este livro desperte em você um jovem líder, e quem sabe nasça em sua comunidade um grupo de reflexão sobre os temas que interessam à juventude! Bom, vamos juntos, já é hora de começar!

*Padre Evaldo César de Souza*
Dia do Batismo do Senhor

# I
# REFLETINDO

# 1

# Quem é Jesus Cristo?

*"Eu vim para que todos tenham vida em abundância" (Jesus Cristo).*

Dizem os especialistas em comunicação que é preciso começar sempre pelo mais importante. Em qualquer discurso, palestra, homilia, texto, enfim, seja qual for o meio que usamos para comunicar alguma coisa, primeiro precisamos ter a atenção de nossa audiência, e a fazemos oferecendo aquilo que é o mais relevante. Isso atrai, chama a atenção, causa interesse no que será dito em seguida.

Foi pensando assim que decidimos começar por Jesus Cristo. Ainda que, como já foi apresentado, este livro não seja necessariamente um livro espiritual, tudo o que será dito nas próximas páginas passa necessariamente pela experiência de fé em Jesus Cristo. Quando falarmos de sexualidade, política, saúde, família ou emprego, em todos estes temas e outros, o pano de fundo será sempre o da experiência de fé que nos move no mundo. Este é um livro para pessoas que enxergam o mundo pelas lentes da experiência cristã, pela ótica da história do Crucificado-Ressuscitado, Jesus, o Cristo.

E eis, diante de nós, o primeiro e fundamental desafio: *quem é Jesus Cristo?* Uma pergunta que nos parece banal e simples de responder, mas basta um pequeno respiro, um momento de concentração, e essa pergunta, ecoando em nossa mente, imediatamente se tornará complexa. Tente você mesmo, vamos lá: Quem é Jesus Cristo?

*(Uma pequena pausa para você pensar...)*

Imagino que respostas prontas, frases que nos soam familiares, conceitos catequéticos e outras tantas passaram por sua mente. Você deve ter pensado algo assim: "Jesus é o Filho de Deus"; "Jesus é o Senhor"; "Jesus é Deus mesmo no meio de nós"; "Ele é a segunda pessoa da Trindade"; "Jesus foi o homem de Nazaré, o filho de Maria" etc. Mas qual dessas respostas, de fato, respondem a nossa pergunta sobre quem é Jesus Cristo? Ouso dizer que todas elas nos dizem algo, mas não dizem tudo. Há verdade em todas elas, mas nenhuma delas está completa.

Centenas de milhares de livros, ao longo da história da Igreja, já ousaram descrever as características, personalidade, qualidades de Jesus. Muitos outros fizeram reflexões teológicas sobre Ele, mostrando que em Jesus está de fato a presença de Deus Vivo, sendo Ele mesmo Deus entre nós – Emanuel! Nessa sucessão de estudos teológicos, espirituais, sociológicos, antropológicos, humanísticos sobre Jesus Cristo, muito foi revelado e muito ainda está escondido. Por quê? Por uma simples razão – a palavra humana não consegue dar conta de descrever ou abarcar o Verbo de Deus. Conforme palavras de São Paulo, vemos "como num espelho, de modo confuso", e somente quando formos plenos nele é que conseguiremos olhá-lo e entendê-lo "face a face" (cf. 1Cor 13,12).

Mas há coisas simples, com base na fé, que nós podemos afirmar sobre Jesus Cristo. A primeira delas é que nele habita plenamente a Divindade – Ele é o Verbo de Deus, Deus mesmo entre nós – e nele habita plenamente a humanidade – Ele é o filho de Maria, o jovem de Nazaré que nasceu em Belém em dia e local determinados. "O Verbo se fez carne e habitou entre nós, e nós vimos sua glória" (Jo 1,14). Por isso mesmo dizemos *Jesus* (homem) *Cristo* (Ungido de Deus). Para nós, que cremos, Jesus é a plena revelação de Deus Pai na história humana. "Na plenitude dos tempos, Deus enviou seu Filho Único, nascido de mulher, sujeito à Lei, para nos resgatar e nos fazer filhos adotivos" (Gl 4,4).

Outra coisa que podemos dizer e que vai ajudar-nos a entender os caminhos de nossa vida é que temos de experimentar Jesus Cristo em nós. Não adianta nada discursos sobre Jesus se não nos apaixonarmos por Ele. Só saberá quem é Jesus quem nele mergulhar existencialmente, quem sentir necessidade dele e quem optar por seguir seus ensinamentos. Obviamente, a experiência de apaixonamento por Cristo Jesus deverá depois se desdobrar no conhecimento que a teologia e outras ciências nos oferecem sobre Ele, mas o conhecimento intelectual jamais nos fará seguidores de Jesus. Conheço muitos teólogos que não são absolutamente seguidores de Jesus e, em outro extremo, conheço muitos que nunca leram um livro de teologia, mas que estão mergulhados no seguimento do Mestre do amor. Não foi Ele mesmo quem dizia que Deus revela os mistérios aos pequeninos e os esconde dos sábios e entendidos? (cf. Mt 11,25).

Esse apaixonamento por Jesus passa, necessariamente, por fatores subjetivos, e por isso mesmo a pergunta inicial "Quem é Jesus?" receberá diversas respostas. Não é difícil encontrar quem tenha se apaixonado pelos aspectos sociais da vida de Jesus, em sua capacidade de mexer com estruturas, seu engajamento social em razão dos mais abandonados, sua capacidade de suspeitar e transgredir regras e leis dos detentores do poder de seu tempo; outros, ao contrário, apaixonar-se-ão pelo Cristo do Tabor, o Transfigurado, o Senhor Glorificado, que é capaz de abrir nossos olhos para o amanhã de nossa própria glorificação;

outros ainda serão atraídos pelo Cristo Jesus taumaturgo, o fazedor de milagres, o curador dos males físicos, aquele que cuida dos feridos e doentes.

Como se vê, nossa imaturidade humana, nossa limitação natural jamais nos permitem reter a totalidade do Cristo, por isso mesmo toda experiência que podemos fazer de Jesus, exceto se essa experiência for fundamentalista ou nociva, é válida e aceitável, mas será sempre incompleta. Ou seja, jamais se contente sobre o que você acredita saber sobre Jesus Cristo, pois há sempre algo a descobrir sobre ele.

**Cristologia** é o ramo da teologia que se dedica a estudar os mais diversos aspectos teológicos relacionados com Jesus. Faz um trabalho de diálogo com outras ciências para compreender com mais profundidade a pessoa, a natureza, a ação humana e a significação redentora de Jesus Cristo para a vida cristã, desvendando sempre os aspectos humanos e divinos no filho de Maria, o redentor.

E qual Jesus Cristo você vai encontrar nas próximas páginas? Que imagem do Filho de Deus, encarnado e enraizado na história, estará presente em nossa conversa? Bem, dou-me o direito, já que não estamos num tratado de cristologia, de passear sobre as várias faces de Jesus. Ora o veremos como mestre, profeta, político. Outras vezes o veremos como o Bom Pastor que nos acolhe; teremos de conhecer seu lado companheiro de jornada e seu lado consolador; por vezes Ele vai nos apoiar, incentivar e aplaudir nossas escolhas; outras vezes Ele nos fará pensar se estamos trilhando os melhores caminhos para a realização de nossa vida. Teremos muito a aprender neste livro, ele é feito para nos ajudar a pensar, e, digo outra vez, somente com Jesus Cristo é que as próximas páginas fazem sentido. E não se espante se Jesus Cristo aparecer por aqui somente de maneira indireta, afinal este não é um livro de espiritualidade, mas um espaço que pretende unir fé e vida nos caminhos da juventude.

Enfim, querido jovem, saiba que Jesus Cristo foi jovem como você, sua juventude foi toda gasta para fazer o bem aos mais fracos e excluídos; jovem Ele foi condenado a uma morte vergonhosa na cruz e, como jovem, Ele ressuscitou. Em Jesus, não há espaços para preconceitos, limitações, medos, vergonha. Mais do que ninguém neste mundo, Ele é capaz de compreender você, seus medos e sonhos. Convido você a senti-lo a seu lado durante toda a leitura deste livro e a criar consciência de que somente nele sua vida terá razão e sentido!

**Para refletir:**

Pense um pouco, e depois anote num papel. Quem é Jesus Cristo para você?

1. De que modo Jesus participa de sua vida?
2. Qual a característica de Jesus que mais lhe chama a atenção?

# 2

# Vida: dom de Deus e responsabilidade nossa

*"Navegar é preciso, viver não é preciso"*
*(Fernando Pessoa).*

Respire. Respire fundo. Um, dois, três! Expire o ar preso nos pulmões lentamente. Feche os olhos, movimente os dedos dos pés, levante os braços e continue respirando. Não, isso não é uma aula de relaxamento, mas apenas uma forma de começar uma reflexão sobre a vida. Caso você tenha feito todas as tarefas acima, parabéns, você está vivo. Biologicamente, ao menos. Seus sentidos estão funcionando perfeitamente, afinal a leitura feita gerou respostas cerebrais às ordens dadas. Depois, você movimentou seu corpo, fazendo com que o mesmo cérebro coordenasse cada um dos movimentos de seus membros e de seu pulmão.

Estar vivo, respirando, pode ser uma experiência meramente física, biológica. Nesse sentido, a nosso redor, a vida pulsa incessante, seja em plantas, algas, cogumelos, animais alados ou nadadores, mamíferos ou peixes, seres visíveis ou invisíveis. A vida movimenta as amebas e os elefantes, colore as rosas em botão e sustenta no ar os beija-flores.

Até que se prove o contrário, essa pulsão de vida é algo exclusivo desse pequeno planeta chamado Terra, um planetinha no canto da Via-Láctea. Nesse sentido biológico, nós, homens e mulheres, somos apenas um ser vivo a mais entre a miríade de espécies que habitam terra, mares e ares. Com uma diferença essencial: sabemos que estamos aqui e que a vida é corpórea, é finita. Somos, entre todos os seres vivos, os únicos que se sabem mortais.

Mas nessa dança biológica entram outros elementos que sustentam o mundo humano e que extravasam o meramente físico. A racionalidade humana levou-nos a buscar o porquê da vida e da morte, e entre tantas possíveis respostas, somos nós, seguidores de Jesus Cristo pelo batismo, conscientes de que a vida, mais do que física, é dom de Deus, é experiência de amor, é abertura ao infinito, é espiritual.

Somos seres racionais, mortais, frágeis. Entretanto, nós somos também herdeiros da revelação de Deus, cremos num criador bondoso que tudo pensou e planejou, apesar de nossa cegueira, a plenitude da vida e o mistério morte. Graças a nossa fé no Ressuscitado, sabemos que a falta da respiração jamais será o fim, mas apenas um momento a nos preparar o melhor, a plenitude da vida em Cristo. Vivendo a experiência da fé em Cristo, nossa fragilidade deixa de ser limite para ser possibilidade. Vivos, nós já somos, e mortos, seremos vivos em plenitude. Assim nossa fé nos ensina, inspirada na Ressurreição de Jesus Cristo.

A Bíblia Sagrada narra, de forma poética, a consciência de que não somos meramente matéria, que somos mais do que pó. Ao moldar homem e mulher do barro da terra, conforme uma das narrativas da Criação, Deus também insufla neles seu hálito sagrado, seu sopro de vida, seu ruah.[2] Com esse gesto de intimi-

---

[2] *Ruah,* hálito de Deus, é a palavra hebraica usada como símbolo da respiração de Deus que deu vida ao homem. O *Ruah* é o próprio Espírito de Deus.

dade, pelo qual Deus sopra em nossas bocas seu Espírito e coloca em nossos lábios sua força criativa, tornamo-nos conscientes de que, finda a experiência mortal, restará em nós a graça de Deus, que supera a matéria e nos fará sentir a plenitude da vida, mesmo depois da experiência humana da morte (cf. Gn 2,7).

O livro do **Gênesis**, o primeiro da Bíblia, que narra os começos da vida, não pretende ser um tratado científico sobre a vida no planeta, mas simplesmente nos traz à consciência de que tudo o que existe é fruto do amor de Deus. Ele é o Criador de tudo, ainda que certamente Deus não tenha criado o mundo exatamente como lemos na narrativa da criação. Ali, nos símbolos todos, está presente a verdade maior: Deus tudo criou e está acima de sua criação, como Senhor bondoso que cuida e participa da vida humana.

A encarnação de Jesus, o Cristo, completa, nas Escrituras Sagradas, o sentido da vida. Ele é e será a vida plena. Estando entre nós e passando pela morte na cruz, deixando-se eliminar em sua humanidade, o Filho de Deus, Ressuscitado, confirma que nossa fé na vida eterna não é absurda nem irreal. Criados por Deus, conhecidos por Deus, eu, você, todos nós, somos e seremos sempre únicos para Deus, na vida e na morte. Jesus Cristo plenifica a experiência única da personalidade, do caráter, das qualidades e fraquezas que cada um carrega em si. Esta será a bagagem a ser devolvida nas mãos de Deus, no dia em que de nós for retirado o sopro da vida.

Com isso fica claro que viver é muito mais que respirar. Estar vivo é mais do que comer, dormir, transpirar, fazer amor. Viver é momento único, indizível, maravilhoso. Não é sem razão que a

Igreja, nos passos de Jesus, afirma que toda vida humana é sagrada em si mesma e que nada, nem ninguém, além de Deus, deveria ter autoridade nem coragem para eliminar uma vida humana.

Mas será que estamos conscientes do valor de nossa vida? Será que você, jovem, tem reservado um tempo para pensar em sua vida, em suas atitudes, sonhos, desejos, misérias, medos, limites, qualidades? O que significa para você estar vivo? Com que medida você tem mensurado seus dias?

Tenho a impressão de que o jovem tem pressa de viver. Não sei se motivado pela velocidade das mudanças sociais e técnicas que o cercam, o jovem entra num turbilhão diário de atividades, num ritmo tão frenético de desejos passageiros, que vive sem perceber a vida ou sem sorver dela o que de mais belo ela possa apresentar. Alguns vivem seus dias pensando na balada do fim de semana, onde vão passar algumas horas embriagados por músicas e bebidas, amassos e carícias, para depois voltar à rotina da semana, num círculo vicioso de prazeres imediatistas e vazios de sentido. Outros se fecham em si mesmo, trancam-se em casa diante de computadores, passam a viver uma vida de fantasia, em jogos e realidades virtuais. Há os que mergulham nas drogas, nos atos ilícitos, na violência, no desregramento sexual. Parece que para muitos jovens a vida não tem sentido algum.

Nada tenho contra sair para dançar com amigos ou ficar algum tempo diante de um computador sem fazer nada. O que é preocupante é o isolamento dos jovens, sozinho no meio do grupo, sozinho em casa. Solidão que o entristece, que o machuca, mas que ele mascara correndo atrás de satisfação consumista, sexual, ou de entorpecentes. O prazer momentâneo do sexo, de uma compra ou de um trago será capaz de preencher o vazio de um período turbulento chamado juventude?

Poderíamos dizer também do egoísmo da atual juventude. O senso de fraternidade, de companheirismo, de partilha, a ajuda mútua na hora da dor e das dificuldades parecem esvair-se num mundo secularizado e que prega o individualismo e o sucesso pessoal acima de qualquer coisa. O importante é ser feliz e bem--sucedido, ainda que para isso eu tenha que me indispor e até mesmo trair a confiança de meu próximo. Esse egoísmo invade a vida pessoal, mas sobretudo o ambiente profissional dos jovens. Aposto que você conhece alguma situação em que amigos se traíram por total e completo egoísmo!

Fisicamente o tempo da juventude é o mais completo. Saúde, disposição, hormônios à flor da pele, aparência agradável. O que seria um tempo de possibilidades futuras, converte-se, para muitos, em tempo de desperdício, sofrimento, vícios, violência. Todas as estatísticas mais tristes, como mortes no trânsito, assassinatos, suicídios, internações em clínicas de recuperação química e tantas outras, colocam os jovens em primeiro lugar. Na ânsia de viver, acabam morrendo. E morrem sem se conhecer!

Preciso dizer que não há outra maneira de viver a vida em sua plenitude, biológica, psíquica, espiritual, senão no seguimento de Jesus Cristo. A paixão pelo Cristo e por seu Evangelho é garantia de uma vida guiada pelo desejo de plenitude, e mesmo com nossas carências, limites e pecados, em Cristo conseguimos equilibrar nossas misérias humanas e ansiar pela redenção plena.

E há que louvar muitos jovens que, em pastorais, movimentos e grupos, conseguem unir a juventude com a experiência da fé em Cristo. Uma primavera juvenil dá esperança ao futuro da Igreja. São jovens animados, vibrantes, esperançosos. Jovens de calças jeans, numa expressão já usada para dizer dessa geração de internet, jeans, baladas e celulares, que fazem questão de proclamar sua fé no Cristo Jesus Redentor. Ainda que possamos encontrar lacunas e brechas no modo com que louvam e vivem sua fé, ainda que possamos dizer que a estrutura teológica dessa geração seja frágil, ainda que muitos tenham pouco ou quase nenhum envolvimento social e político em sua realidade, ainda assim são apaixonados pelo Cristo e de um jeito novo (e por que não acreditar que o novo vale a pena?) vão traduzindo o Evangelho para o mundo.

Viver, meu jovem, nunca será tarefa fácil, mas será que alguém ousa dizer que haja algo mais excitante do que a experiência do bem viver? Viva, e viva bem. Viva em Cristo. Viva para Cristo. E viva para fazer o bem para seu próximo.

**Para refletir:**

1. Como você resumiria sua vida até o momento?
2. Qual sua maior alegria em ser jovem?
3. Qual seu maior sofrimento atual?
4. Já pensou em ter outra vida? Que valores você seguiria se pudesse escolher outra vida?
5. O que significa para você ser feliz?

3

# Trabalho: um passo para a maturidade

*"Quem não trabalhar também não coma"*
*(Paulo de Tarso).*

Seria improvável que um livro sobre a vida dos jovens não falasse do mundo do trabalho. Vivemos numa sociedade capitalista, onde o apelo material circula a nosso redor constantemente. E o apelo consumista (vamos tratar disso adiante) só pode ser respondido com dinheiro. E, excetuando atividades ilícitas, somente pelo trabalho é que conseguimos ganhar dinheiro. Não é de estranhar que a maioria dos jovens deseje ingressar logo no mercado de trabalho. Para muitos, porém, mais do que trabalhar para adquirir coisas supérfluas, o mundo do trabalho impõe-se como necessidade de auxílio familiar e de realização de sonhos e projetos de vida.

Vamos pensar em algumas situações sociais práticas, imaginando o jovem diante das atividades laborais remuneradas: temos jovens que precisam trabalhar, jovens que querem trabalhar e jovens que, providos de amparo familiar, conseguem retardar seu ingresso no mercado de trabalho e se preparam antes, por meio de estudos, para ocupar vagas e funções especializadas no mercado. E, é claro, há jovens que acham que a vida é um mar de rosas e pensam em tudo, menos em trabalhar e serem socialmente produtivos de alguma forma.

Como se vê, numa sociedade de desigualdades sociais extremas, como a brasileira, não resta muita escolha para os jovens, que reproduzem, desde cedo, a estrutura social a seu redor. O imperativo do trabalho, muitas vezes informal, em condições precárias de baixos salários, torna-se a única opção para uma grande maioria da população brasileira. Ainda assim, numa escala de valores, melhor trabalhar que buscar nas vias da clandestinidade e da marginalidade os recursos para viver. E há tantos jovens que, infelizmente, vivem de negócios ilícitos e de trabalhos socialmente questionáveis!

Jovens marginais e marginalizados seja pelas estruturas sociais, seja pela falta de oportunidade ou pelo simples comodismo.

Não vamos refletir sobre particularidades. Seria extenso demais analisar casos particulares e encontraríamos muitas exceções. Há jovens que nunca fizeram uma faculdade, mas que se impuseram com respeito no mercado de trabalho e cresceram profissionalmente; há outros que estudaram a vida toda e terminam por abrir pequenos negócios, completamente diferentes daquilo para o que se prepararam. Há jovens que entraram no mercado de trabalho como aprendizes e são excelentes profissionais; há os que fazem sucesso e ganham dinheiro porque têm boas ideias; há jovens profissionais liberais e há jovens que trabalham com carteira assinada; há jovens no comércio ambulante; há jovens que se sustentam pelas competências esportivas; há jovens no mundo da política, da arte, das pesquisas científicas e que se sustentam com essas atividades. Há jovens que tiveram oportunidade de trabalho e seguraram com unhas e dentes a chance de construir uma carreira profissional sólida e madura. E, infelizmente, há muitos jovens desempregados. Como se percebe, os casos particulares são infinitos.

E como você se coloca diante do mercado de trabalho? Uma primeira pergunta, óbvia e de resposta rápida, é a seguinte: você está empregado ou desempregado? Seja qual for sua resposta, uma coisa é certa – não temos como fugir do trabalho quando queremos construir-nos como seres humanos produtivos. Lembrando-se de nosso inspirador primeiro, Jesus Cristo, sabemos que ele tinha uma profissão especializada, era carpinteiro como seu pai José. Assim como a família, o trabalho faz parte de um alicerce humano de realização. Ainda que se pese o valor da remuneração pelo trabalho exercido, é preciso considerar que trabalhar também nos traz benefícios de ordem simbólica – sentimo-nos mais humanos realizando um trabalho que nos dê também prazer. Sem este distintivo simbólico do trabalho, nossas atividades laborais podem tornar-se fardos difíceis de suportar. Por mais simples que seja nossa atividade, o ideal é fazê-la com alegria, e não como uma obrigação.

Nessa mistura de histórias, olhemos três pontos que podem interessar você, jovem, que já está no mercado de trabalho ou que sonha com seu primeiro emprego. Enumero aqui três situações: o primeiro emprego, o sonho da profissionalização e a postura no ambiente de trabalho. Cada um desses temas daria um livro. Nós acenamos algumas ideias para ajudar você a pensar. Pensar é bom, ainda que esteja tornando-se coisa rara entre a juventude.

Como tudo na vida, chega a hora do primeiro emprego. Uma hora ou outra começamos a trabalhar. Pode ser como aprendiz, pode ser para ajudar os pais, pode ser um trabalho informal, pode ser no fim da faculdade. O primeiro emprego é sempre um desafio. Na verdade o desafio começa já antes de se ter o primeiro emprego. Tudo começa na procura do emprego, na confecção do currículo, nas entrevistas, na busca por um estágio. Essa etapa, aquela que antecede o emprego e que irá repetir-se sempre que o perdermos, é sempre mais emocionante da primeira vez. É o momento em que estamos deixando o "ninho" de nossa casa para nos aventurarmos em outros mundos. A afetividade natural da família fica para trás e nos é oferecida a possibilidade de um mundo diferente, onde amadurecer é uma tarefa imprescindível.

O **primeiro emprego** é sempre um desafio. Profissionais dão algumas dicas de como se portar numa entrevista: primeiro, seja objetivo e mostre seu interesse em participar daquele grupo; gere o interesse do empregador por sua pessoa; conheça a empresa na qual você pretende trabalhar; apresente um bom currículo, simples e eficaz; seja persistente na procura e não desista no primeiro "não"; apresente-se com roupas e vocabulário adequados e, sobretudo, seja humilde em aprender com a situação.

Alguns têm mais sorte e oportunidades. Logo conseguem um trabalho. Outros, por diversas razões, batem de porta em porta e com alguma dificuldade encontram um emprego. Na verdade, o primeiro emprego será sempre um referencial, pois nele vamos receber as primeiras lições da realidade econômica e social de nosso país. Para muitos, o primeiro emprego é o momento de descobrir verdadeiramente o quanto é custoso viver, quanto é difícil ganhar o suado salário e qual o preço da vida.

Mas quando pensamos em trabalho, não podemos deixar de lado o sonho de todo jovem: o de profissionalizar-se em alguma atividade. Já dissemos acima que, numa sociedade de desiguais oportunidades, vemos os sonhos de muitos jovens se perderem pelo caminho. Nem sempre as reais condições da vida estão a favor do sucesso que queremos. Mas sonhar é preciso, lutar pelo que queremos é necessário e acreditar que somos capazes é essencial. Como é bonito ver um jovem que sonha em se tornar um profissional respeitado, seja em construir casas, atuar no teatro ou dar aulas. E mais bonito ainda é ver que muitos enfrentam as mais conturbadas situações, familiares, sociais, culturais para alcançar seus sonhos. Sua persistência torna-se exemplo para muitos outros.

O mundo de hoje exige profissionais competentes, especializados. Não adianta fazer alguma coisa, é preciso fazê-la bem. A competitividade do mercado de trabalho é desumana, injusta e excludente. Por isso, o jovem precisa comprometer-se com as oportunidades que aparecem, dar seu melhor, esforçar-se por aprimorar-se em técnicas e conhecimento, não se contentar em repetir a mesma coisa todo dia. Ao mesmo tempo, diga-se, se somos envolvidos pela experiência cristã, temos de zelar pelo respeito no ambiente de trabalho, ser honestos com nossos pares no trabalho, nunca usar de trapaças para vencer na vida. O jogo no mundo do mercado de trabalho é um termômetro interessante para medir nosso real compromisso com os valores cristãos. Num mundo onde tudo se pode fazer para ganhar mais, o Cristo nos pede para sermos autênticos, honestos e coerentes. Desafio e tanto, sobretudo para a juventude!

Este é o desafio do terceiro ponto, ou seja, o comportamento no ambiente de trabalho. O mercado parte do princípio de que é preciso estar bem para produzir mais e melhor. Empresas gigantes, multinacionais e mesmo outras empresas menores, todas elas reservam tempo para que o funcionário tenha qualidade de vida dentro do ambiente de trabalho. Ginástica laboral, atividade de integração grupal, dinâmicas que aproximem os funcionários uns dos outros, confraternizações, ambientes de socialização, divisão de lucros e até mesmo momentos de espiritualidade são mecanismos modernos de valorização dos colaboradores. Com isso, o mercado mostra que um sadio ambiente de trabalho aumenta os lucros da empresa e, no fundo, é bom para todos.

O jovem, que entra no mercado de trabalho, traz consigo seu ritmo de vida familiar. Uma adaptação precisa acontecer naturalmente: no trabalho há regras, horários, responsabilidades a serem cumpridas. Por mais que um ambiente de trabalho seja construído para ser agradável, ele é local de trabalho, de produção, de compromisso. Será preciso aprender regras básicas, como respeito ao colega do lado, discrição, capacidade de diálogo, superação de crises, cortesia, pontualidade. Para o jovem cristão, aquele que é apaixonado pelo Cristo Jesus, essas regras no trabalho, mais do que obrigações de civilidade formal, são imperativos evangélicos. Ser um jovem cristão não é tarefa tão fácil como se pode pensar num primeiro momento. A espiritualidade cristã, encarnada na vida, dar-nos-á seguranças internas, mas exigirá posturas externas claras e irrepreensíveis.

Seja na procura de um emprego, seja empregado, o jovem encontra no mercado de trabalho a oportunidade para se conhecer melhor, aprimorar seus conhecimentos, desenvolver seus talentos e habilidades, criar possibilidades de novos contatos e amizades. Mas também pode encontrar hostilidade, competição, tramoias, assédios de todos os tipos. Como tudo na vida, a realidade não é um mar de rosas, mas também não é um inferno constante. Cultivar no ambiente de trabalho uma postura ética, honesta, companheirismo e, principalmente, trazer para o trabalho sua experiência de fé em Jesus Cristo pode ser uma forma de diferenciá-lo no meio de tantos e projetá-lo profissionalmente. Pense nisso.

**Para refletir:**

1. O que você aprendeu como lição de vida em seu primeiro emprego?
2. O que você espera de um emprego?
3. Como ser cristão no mercado de trabalho? Quais os desafios? É possível?
4. Que dificuldades um jovem enfrenta quando procura um emprego?
5. Você tem sonhos profissionais? Quais?

4

# Pais, filhos, irmãos e outros mais: isso tudo é família!

*"Cumpre teus deveres para com teu pai, tua mãe e todos os teus parentes. Educa as crianças e não precisarás castigar os homens" (Pitágoras).*

Um dos capítulos mais dramáticos e essenciais na vida do jovem é seu relacionamento com a família. Esse relacionamento é termômetro para todas as esferas da vida. Por isso, entender o funcionamento de sua família, observar suas qualidades e seus defeitos, participar das decisões, ser coerente com seu modo de vida e organização, tudo isso será essencial para que o jovem aprenda a amar, respeitar e compreender sua família, e ter noção dos alcances e limites de seu ambiente familiar.

Não é coisa rara encontrar hoje jovens que têm dificuldades de relacionamento com seus pais. Os motivos que separam pais e filhos são os mais variados, desde coisas triviais até situações mais delicadas. De fato, a arte de relacionar-se bem tem sido deixada de lado. O individualismo moderno entra com força porta adentro e acampa na sala de nossas casas. Os poucos momentos de socialização nem sempre são marcados pela qualidade dos diálogos. O som alto da televisão, as portas dos quartos sempre trancadas e os fones de ouvidos impedem a família de conviver dentro da própria casa. Não ousamos privar o jovem de sair com amigos, divertir-se, enfim, ser alguém que viva as situações típicas de sua idade, sem que tenha a necessidade de encontrar meios ilícitos para disfarçar sua solidão. Óbvio que a juventude nos inspira namoros, danças, música, passeio e até mesmo rebeldia, mas entregar-se a essas coisas a partir de situações de conflito com os pais é burrice! A família ainda é um porto seguro no agitado mar da vida!

Em contrapartida, não podemos deixar de pensar nos pais! Certamente não há receitas para educar filhos, mas uma família que sabe estar presente na vida dos filhos, orientando e ajudando no discernimento, não será surpreendida por questões desagradáveis. Agora, se há uma razão para certas rebeldias na juventude, ela pode ser encontrada em situações de pais ausentes. Esses esquecem de que é preciso amar seus filhos, não fazendo deles pessoas infantilizadas, mas possibilitando a busca da maturidade humana e cristã ao longo do desenvolvimento físico e psíquico. Não há nada mais doído que pais e mães que trocam o carinho pelos filhos por brinquedos, presentes e outras compensações. No mundo marcado pelo trabalho, os pais sofrem o risco de perder os anos mais bonitos do crescimento dos filhos por causa da empresa ou da correria diária em busca da comodidade.

Muito já se escreveu sobre o valor sagrado da família. A instituição familiar ainda continua sendo a célula matriz da sociedade, mesmo que nesta aurora de século XXI estejamos assistindo a uma reviravolta no conceito sobre família. Um olhar histórico nos permite perceber que há algo na família que nunca muda: o respeito entre os pares, o senso de proteção e ajuda nas horas das intempéries, os tabus de ordem sexual, a geração de novas vidas, a sucessão de poder e a conservação dos bens materiais.

Entretanto, outros aspectos da família mudaram e continuam mudando ao longo da história da humanidade. Houve um tempo em que a família era composta pelos membros do clã, com patriarca central responsável pela organização do grupo. Grupos tribais também constituíam famílias complexas, algumas com autoridade patriarcal, outras com a força social no matriarcado. O conceito de família moderna é recente, tem pouco mais que dois séculos e desenvolveu-se a partir das teses burguesas do capitalismo. A Revolução Industrial reduziu o núcleo familiar para modelo pai-mãe-filhos; mesmo parentes próximos, como avôs e tios, passaram a ter atuação indireta no núcleo familiar. Essa redução conceitual, típica do ocidente, ainda que majoritária, convive obviamente com outros conceitos de família, ainda presentes em muitas partes do globo terrestre.

Hoje, a ideia de família passa por uma nova revolução, uma vez que o trinômio pai-mãe-filho está cada vez mais fragilizado pelas novas posturas sociais e parâmetros culturais do chamado século XXI. Não que eu ache que modelos novos sejam producentes, mas hoje temos filhos educados somente pela mãe ou somente pelo pai, temos avós que criam os netos, temos mães que geram filhos de proveta, usando banco de esperma, temos casais formados até mesmo por dois homens ou duas mulheres. Aparentemente um grande balaio de gatos, mas como será o futuro? Nós ainda acreditamos na sacralidade do modelo atual, que mesmo com tantas limitações ainda pode gerar um espaço de acolhida e desenvolvimento para as novas gerações. No fundo, todos nós queríamos ter uma família normal!

Houve um tempo (e ainda há quem viva assim!) em que ser o homem da casa era ser pai e provedor econômico da família. A paternidade significava de um lado a reprodução – filhos para ajudar na lida do dia a dia – e, de outro lado, esforço e suor para sustentar a prole. Aspectos afetivos da paternidade, hoje tão apregoados, não eram nem de longe preocupação do pai. Óbvio que pais carinhosos e presentes na vida dos filhos sempre existiram, mas sempre foram minoria e exceção, neste caso, confirma a regra. Um bom pai era aquele que não deixava faltar arroz e feijão dentro de casa. Ou estou enganado?

Entretanto o tempo passou e a situação mudou. Com a mulher-mãe sendo também a provedora da casa e cada vez mais emancipada em questões sociais, políticas e sexuais, a paternidade tradicional fica cada vez mais fora de moda, para não dizer desnecessária. E emerge então a pergunta crucial para os jovens pais: como ser um bom pai no século XXI? Quais são as características essenciais para que um jovem seja um pai responsável para as novas famílias?

Penso que um jovem pai precisa encontrar-se, primeiramente, consigo mesmo. A começar pela redescoberta de que a paternidade não pode ser fruto de uma aventura sexual. A liberdade com a qual os jovens tratam a sexualidade é perversa e descomprometida. E os rapazes têm responsabilidade neste ponto. A pressão social para que relacionamentos íntimos sejam vividos como prova de masculinidade serve somente para provar a irresponsabilidade no quesito maturidade humana. O pior é quando a ansiedade pelo intercurso sexual se materializa em uma criança no útero da menina com a qual se viveu uma noite de aventura. Será que vale a pena tornar-se pai assim, no susto?

O jovem pai do século XXI não pode mais repetir o papel de uma paternidade machista e dominadora. Ou o pai escolhe ser também alguém presente na formação afetiva de seus filhos ou teremos a repetição de padrões paternos que deixaram muito a desejar na educação dos filhos. Nada mais sadio para uma família desenvolver-se bem do que um pai que participa das coisas do dia a dia, que sabe fazer a tarefa com os filhos, troca fraldas e assume levar o filho ao médico ou ao parque no fim de semana. Já está mais do que provado que um bom desenvolvimento psíquico depende do equilíbrio entre a presença da mãe e do pai na vida da criança.

A mesma lógica serve para as jovens mães. Hoje, divididas entre o lar e o trabalho, as mães, que são mulheres e esposas, precisam fazer um grande esforço para conseguir gerenciar duas ou até três jornadas de trabalho. A maternidade não é mesma, a mãe dedicada tempo integral ao filho vai tornando-se coisa rara, mas é preciso não abrir mão da educação e do carinho materno oferecido às crianças. Uma família madura é aquela na qual as tarefas domésticas e os cuidados com os filhos são divididos entre os pais, onde a responsabilidade pela felicidade de todos é partilhada e todos se comprometem em fazer seu melhor pelo bem de todos.

Outra vez a presença da família estruturada nos fornece a garantia de uma sociedade marcada pela qualidade moral de seus cidadãos. O que nos leva para uma conclusão óbvia, ensinada à exaustão pela Igreja: a família é a célula vital de uma sociedade, e, ainda que essa esteja em crise, salvaguardar os valores familiares é dever dos jovens cristãos que pretendem realizar sua vocação formando uma nova família.

**Para refletir:**

1. Qual a responsabilidade dos pais na educação dos filhos?
2. Como superar a situação de ausência dos pais?
3. Como o jovem pode viver bem, sem que tenha que se revoltar contra tudo e todos?

# 5

# Amigo: o irmão que podemos escolher!

*"Um irmão pode não ser um amigo, mas um amigo será sempre um irmão"* *(Benjamin Franklin).*

Nunca se falou tanto sobre amizade no mundo. Amizades virtuais impulsionam a febre das redes sociais. Cada um quer colecionar mais amigos que o outro e sente-se importante em aumentar seu índice de "amigos". Mas essa febre de amizade é um terreno pantanoso, uma areia movediça abaixo dos pés de nossos jovens. Sobre a virtualidade da vida conversaremos adiante, mas nesse capítulo já vamos falar de amizade. E com franqueza vamos descobrir que nossos curtidores não são nossos amigos. Amigo, meu querido jovem, é outro papo!

Não faltam livros sobre a amizade. Na verdade há também filmes, novelas, gibis, e tudo o quanto a arte produz, onde o tema da amizade é presente. Pense um pouco e recorde grandes amizades que a literatura, a música ou o cinema já nos ofereceu. Recordou alguma? Que tal Batman e Robin, Sherlock Holmes e Watson, Dom Quixote e Sancho Pança, Telma e Louise, Cascão e Cebolinha, o Gordo e o Magro? Na Bíblia encontramos histórias de amizade verdadeira, como aquela entre Davi e Jônatas ou entre Paulo de Tarso e seu amigo Onésimo. Jesus chamava seus apóstolos de amigos e, de certa forma, o Ressuscitado deve ser incluído sempre na lista de seus melhores amigos. Na Escritura Sagrada se lê que "um amigo fiel é uma poderosa proteção: quem o achou descobriu um tesouro. Nada é comparável a um amigo fiel; o ouro e a prata não merecem ser postos em paralelo com a sinceridade de sua fé. Um amigo fiel é um remédio de vida e imortalidade; quem teme ao Senhor achará esse amigo. Quem teme o Senhor terá também uma excelente amizade, pois seu amigo lhe será semelhante" (Eclo 6,14).

E se retrocedermos um pouco mais, se invadirmos o campo dos símbolos de nossa história da salvação, vamos nos deparar, no livro do Gênesis, com Deus mesmo andando no Jardim do Éden, ao lado de Adão e Eva, como bons amigos (Gn 3,8). E você, tem quantos amigos?

O sentimento que chamamos de amizade, como se pode intuir em poucas linhas, é algo absolutamente humano, gratuito, misterioso, mágico. Não se compram amigos, nem existem regras claras de como administrar uma amizade. Amigos acontecem, são espontâneos, enraízam-se em nós como parte de nós mesmos e se tornam imprescindíveis ao longo da vida. Será que é possível uma vida completa e feliz sem amigos?

Ao contrário de relacionamentos afetivos familiares, que nos são postos independentemente de nossa vontade, a amizade é sempre um relacionamento na liberdade. Não posso escolher meus pais, irmãos ou parentes. Mas posso escolher meus amigos. Com isso não se afirma que pais, mães e filhos não tenham entre si verdadeira amizade. Aqui, porém, a amizade vem carregada de outros sentimentos e relações, e entre pais e filhos, mesmo que sejam os melhores amigos entre si, haverá sempre a relação da desigualdade – pais e filhos não têm entre si reciprocidade de iguais, haverá sempre uma espécie de hierarquia familiar.

Já entre amigos a relação é sempre de igualdade, e se não for, a amizade não é saudável. Relacionamento no qual impera o desejo de poder sobre o outro e a vontade de manipulação não pode ser chamado de amizade. Está aí um termômetro para aferir amizades: se há relação de poder de um sobre outro ou de subordinação, esqueça a palavra "amigo" nesse contexto. Na relação de amizade, onde a igualdade está presente, não existe cobrança, rancores, preconceitos. Na relação entre iguais devem estar presentes o respeito, o carinho, a acolhida e a correção fraterna, aliás, esta última uma das essências mais lindas da amizade: corrigir o outro sem que o outro se ofenda!

A palavra **amigo**, do latim *amicus*, possivelmente vem da palavra *amore*. Amizade é uma relação afetiva humana, que envolve o conhecimento mútuo e a afeição, lealdade e altruísmo. Pode-se dizer que uma relação entre pais e filhos, entre irmãos, demais familiares, cônjuges ou namorados, pode ser também uma relação de amizade, embora não necessariamente. No dia 20 de julho comemora-se o dia do amigo!

E nessa escolha, na liberdade dos gostos, na igualdade e afinidades tão particulares de cada um é que brotam amizades que podem ser mais fortes do que laços sanguíneos. O bonito, na amizade, é que tudo é dom de Deus e com amigos temos compromissos e deveres que são dependentes, única e exclusivamente, de nossa liberdade. Ainda que alguém queira ser nosso amigo e expresse esse desejo, podemos não corresponder a suas expectativas. E do mesmo modo podemos querer ser amigo de alguém e este alguém sequer notar nossa presença. Amizades forçadas não sobrevivem, fenecem, morrem. Amizades compradas são mesquinhas! Amizades interesseiras são passageiras! Só a liberdade diante do outro me trará verdadeira amizade, aquela que sobrevive ao tempo e a distância, aquela que a Bíblia considera um tesouro, pois não é fácil de encontrar!

A primeira palavra, então, para amizade é *igualdade*. A segunda é *liberdade*. E a terceira, *afinidade*. Geralmente, amizades nascem por afinidade. Basta ver a propagação de comunidades virtuais. O que une as pessoas ali senão o gosto pelas mesmas coisas? A afinidade na amizade é fator de conservação dos vínculos afetivos e gera assunto para os debates e diálogos comum entre os amigos. Aliás, a afinidade não é fator somente de concordância. Bons amigos, que possuem afinidade em determinados gostos e vontades, podem e geralmente vão discutir por causa de dterminado assunto, mas sem romper o vínculo. O bom da amizade verdadeira (afinal, existem falsas amizades!) é que os momentos da discordância e da tensão não abalam os laços afetivos, e sim os fortalecem e os tornam mais duradouros. Pensemos em nosso melhor amigo agora e vejamos em que vocês são parecidos. Esses fatores de afinidade devem ser valorizados.

Mas há as amizades improváveis e não são raras. Aqui, o fator de afinidade deve ser buscado na profundidade do ser de cada um, pois aparentemente esses amigos em nada terão coisas em comum. A primeira grande diferença que há entre amigos é a diferença de gênero. Conheço muitos homens que têm amizades sólidas com mulheres e mulheres, algumas casadas, cujos melhores amigos são homens. É sempre bom dizer isso porque há preconceitos entre os jovens, e a impressão de que entre homens e mulheres podem acontecer romances, não amizades. Bobagem: as diferenças de gênero nunca impediram grandes amizades. Mas romances podem nascer entre amigos? Claro que sim! E esposos devem ser amigos de seus cônjuges? Certamente.

A amizade nada mais é que uma das faces do amor. E o amor não tem preconceitos. Cabe aqui outra pergunta para pensar: você conhece ou mesmo tem um amigo improvável? Alguém que entrou em sua vida, com quem você fala de tudo, que o vê sorrir e chorar, mas que tem aptidões e características bem diferentes de você? E você poderia perguntar o que une pessoas que são tão distintas entre si? Acreditamos que o que une é o que está por dentro, no íntimo de cada um, valores profundos, sonhos e projetos existenciais. Ainda que externamente possa haver muita diferença, amigos sempre terão alguma coisa que os une misteriosamente. Chamamos esta força que une pessoas na amizade de Espírito Santo de Deus. Para nós que cremos somente essa presença divina pode ser a causa da amizade entre as pessoas! E por isso mesmo, pelo Espírito de Deus, é que podemos chamar o Cristo Jesus de amigo. E Ele o é de fato!

Amigo de verdade é muito difícil de achar. É quase como achar o par perfeito e o amor de nossa vida. Por isso, pela mesma razão que existe a fidelidade no amor-casal, a fidelidade entre amigos sustenta o amor-amizade. Um amigo do peito, aquele com quem podemos contar, precisa ser cultivado como um bem precioso; e na tarefa de cuidar dos amigos o que mais conta é a fidelidade e a confiança. Tanto quanto entre casais, a quebra da confiança entre amigos pode ser a ruína da amizade. A traição entre amigos costuma ser ainda mais dolorida do que a traição entre amantes. Veja a decepção de Jesus com seu apóstolo Judas Iscariotes: o que se sentava ao lado dele nas refeições foi quem o vendeu por algumas moedas (cf. Mc 14,17). Há que cuidar dos amigos como cuidamos das coisas mais preciosas de nossa vida! Por isso poucos são nossos amigos, afinal cultivar amizade demanda muita energia, é um apaixonamento humano-divino que nos toma tempo e esforço. A ideia de se cultivar um milhão de amigos pode ser linda na canção popular, mas amigo mesmo, para valer, uma meia dúzia já é muito e olha lá!

**Para refletir:**

1. Faça uma lista de seus amigos. Considere aqueles com os quais você de fato divide sua vida, alegrias e tristezas, e que conhecem coisas sobre você que ninguém mais conhece. Considere os que o corrigem e que o abraçam, os que querem seu bem e que não estão a seu lado por interesse. Considere aqueles que não cobram nada de sua aparência, que elogiam suas conquistas e que sofrem com suas dores. Quantos nomes você conseguiu reunir?
2. Para você como deve ser um amigo de verdade?
3. Você conhece histórias de amizades improváveis?

# 6

# A escravidão doentia dos vícios e dependências

*"As drogas me deram asas para voar, mas me tiraram o céu" (John Lennon).*

Este é um capítulo desagradável na vida de muitos jovens. Muitas vezes o jovem começa com uma brincadeira no meio dos amigos e, de repente, coloca-se numa armadilha quase sem volta: falo do uso de substâncias químicas e de álcool. A porta de entrada para os vícios mais devastadores quase sempre é um momento de prazer, aquele momento em que o jovem se deixa levar pelas companhias e pela necessidade de ser aceito no grupo. Tudo parece fácil; será apenas um gole desta ou daquela bebida, será apenas um trago deste cigarro, e quando se vê a bebida já é "senhora" de minha vida, o cigarro já abriu as portas para entorpecentes mais poderosos, como a cocaína, o terrível crack, as "balinhas" (nome dado aos comprimidos de *ecstasy*) e outros derivados que não param de aparecer no mercado clandestino, que alimenta a cadeia mortal da drogatização.

Claro que a realidade não é tão simples assim. Cada jovem, infelizmente, vive dramas diferentes quando se encontram no caminho da dependência; o histórico de envolvimento com as drogas é muito pessoal, mas há sinais e situações que no fundo estão presentes em todas as histórias: relacionamentos frágeis na família, conflitos com pais, necessidade de aceitação social, medo da solidão, dificuldade de lidar com perdas, desejo de independência e maturidade já na adolescência, falta de opções de lazer e de educação sólida, desigualdades sociais, interesses econômicos dos "cartéis" do tráfico etc.

Os pessimistas poderiam até pensar que diante de tal quadro não há solução, que todo jovem está potencialmente perdido, mas o que dizer dos muitos jovens que, sem deixar de lado nenhum dos prazeres e divertimentos que esta etapa da vida oferece, conseguem viver bem e sem nenhum envolvimento com drogas ou similares? Ainda que exceções existam, não tenho medo de afirmar que a experiência de amor a Cristo (aquela da qual falamos no primeiro capítulo) é um modo concreto, transparente e eficaz de se evitar o mundo danoso das drogas. É mais difícil encontrar jovens com valores humanos e cristãos no submundo das drogas. Claro que existem exceções, porém, entre aqueles que se envolvem com drogas e outros vícios, são os que cultivam uma espiritualidade os que mais conseguem romper o ciclo nefasto do vício e reencontram a socialização. Não é à toa que os dados estatísticos comprovam que clínicas que unem terapia ocupacional, tratamento medicamentoso e espiritualidade são as que apresentam maior índice de sucesso. Conseguem retirar os jovens do mundo das drogas e reintroduzi-los no convívio social.

Mas o que é um vício? O que define um dependente químico? Para a psicologia, o vício é um hábito negativo, danoso ao indivíduo à medida que o prende num círculo intransponível de ansiedade, desejo, satisfação, tristeza, ansiedade e assim sucessivamente. Desde há alguns anos a ciência avança na compreensão dos vícios, não somente como atitudes de ordem moral ou social, mas já os compreende como doença. O viciado não é somente alguém com atitudes morais consideradas danosas para si mesmo, mas é alguém cujo organismo está dependente de certos hábitos doentios. Resumindo, o viciado precisa mesmo é de tratamento, mais do que um bom sermão ou uma correção moral. E aqui é bom que se amplie o mundo dos vícios, incluindo na lista não só o álcool, as drogas, mas também os jogos de azar e até mesmo o sexo. Os jovens podem enrolar-se e sufocar-se nesses e em outros vícios.

Nosso foco neste capítulo são as drogas e o álcool, pela facilidade com que estamos vivenciando casos assim a nosso redor. Ou vai nos dizer que não conhece jovens que estão sofrendo e fazendo sofrer os familiares e amigos porque se envolveram com drogas?

***Alcoolismo ou etilismo*** é uma doença que afeta pessoas que passam a depender do uso constante e exagerado de bebidas alcoólicas. O alcoolismo vitima pessoas, seja pelos danos ao organismo, seja pelo aumento da incidência de acidentes, sobretudo automobilísticos. O alcoolismo, tanto quanto o dependente, afeta seu contexto social e familiar. Há tendências genéticas que promovem a doença. Tratamento: afastar-se das bebidas.

Algo de bom precisa ser dito sobre as comunidades terapêuticas cristãs que trabalham com jovens vindos do mundo das drogas e do álcool. A Igreja Católica, em seus movimentos e grupos, mantém muitas dessas entidades. Outras religiões, cristãs e não cristãs, também se esmeram no trabalho de dar apoio ao dependente e aos familiares em situações de drogatização extrema. Mas essas clínicas não fazem milagre: há concordância entre especialistas que só abandona as drogas aquele que na liberdade quer fazer isso e está disposto a sacrificar-se. Não há remédios milagrosos para "curar" dependências. Há técnicas e métodos, mas todo o esforço e mérito dependem da vontade do paciente. Resultados positivos são muitos, mas a reincidência também é grande. Como no consagrado lema dos Alcoólicos Anônimos, é preciso viver "só por hoje" sem a droga. Esforço contínuo, desafiador, mas absolutamente necessário. Talvez a grande maioria dos jovens de hoje não seja viciada e Deus queira que não seja corrompida. Entretanto, uma simples pesquisa num bar ou numa balada no final de semana e muitos dirão que bebem socialmente uma cervejinha ou algo leve; outros dirão que fumam, mas que jamais usaram drogas fortes. Alguns podem até reconhecer que já experimentaram alguma coisa ilícita, mas que jamais se tornaram escravos do vício. Esta grande maioria existe, consome muito álcool, fuma muito e se torna o contingente mais fácil para a entrada no mundo das drogas pesadas. O primeiro gole pode ser fatal para um histórico de alcoolismo! E experimentar alguma droga, ainda que somente por brincadeira ou curiosidade, pode ser o estopim para um vício que será dificílimo ser controlado.

**Ecstasy:** chamada "droga do amor", foi sintetizada para controle de apetite nos anos 60, mas tornou-se de fato uma droga poderosa, usada, sobretudo, por jovens para aumentar estados de euforia e excitação. As "balas", nome comum do ecstasy, estão cada dia mais comum em baladas e festas. Ainda que o efeito imediato seja de euforia e satisfação, o consumo contínuo das drogas traz sérias consequências para a saúde do usuário, podendo inclusive levar à morte.

Mas se uma grande maioria de jovens está "controlada" no que tange ao consumo de drogas lícitas e ilícitas, o mesmo não se pode dizer de todos os jovens. Cada dia mais casos de viciados inveterados tomam parte nas manchetes dos jornais. O drama da "cracolândia" paulistana repete-se em cidades grandes e pequenas desse nosso Brasil. E para aqueles já afundados nas drogas, o cotidiano não parece ser nada agradável!

Diante do problema das drogas, comum hoje nos ambientes de convivência jovem, o melhor mesmo é não dar o primeiro passo. No caso das drogas, meu amigo, prefira ser chamado de carente e chato, aliás, permita-se afastar-se de pessoas que se dizem suas amigas, mas que lhe oferecem drogas. Não crie em você a falsa sensação de que é preciso embriagar-se para divertir-se! Não destrua sua vida por um momento de prazer ou por uma curiosidade. Permita-se ser feliz sem essas "muletas" químicas!

Mas nunca deixe de apoiar seu amigo caso ele caia nesse mundo tão cruel da dependência. Faça o que for possível para ajudar a sair dessa situação, seja de fato um amigo nesse momento. Mas amigo de verdade não deve tornar-se cúmplice das atitudes danosas. Não tenha medo de conversar com a família dele, de expor o problema, de pensar juntos em soluções.

E o que muda na vida de um jovem gravemente viciado? Ouso dizer que tudo muda, e muda para pior! A vida pessoal é destruída, os amigos desaparecem, abandona-se a escola e não raro abandona-se o emprego, a família fica despedaçada, a aparência física desgasta-se, o organismo enfraquece, perde-se a rotina da vida e os bons hábitos, torna-se assunto de conversas na vizinhança, entra-se em conflitos violentos nas ruas, perde-se a noção do tempo, do espaço, do certo e errado. Aparecem a melancolia, a solidão, o pânico. Apela-se para os pequenos roubos para sustentar o vício, refugia-se em becos e lugares escuros. O vício faz com que seres humanos, teoricamente racionais, convertam-se em "zumbis", mortos-vivos, ziguezagueando pelas ruas e viadutos. Cenas que nos comovem e nos entristecem.

O espantoso é que, mesmo diante de mil exemplos de como a droga destrói a pessoa e seu entorno (família, amigos), por mais claro que seja o custo social que um país tenha de suportar com tratamentos de dependentes, ainda assistimos a um expressivo número de jovens que diariamente engrossam as estatísticas: novos usuários, novos mortos pelo tráfico, novos pacientes de centros de recuperação. Mas por que o jovem insiste em mergulhar nesse mundo? Onde está a razão para que alguém use drogas? O que leva um pobre jovem da periferia a experimentar o crack? O que faz o "filhinho de papai" deixar seu condomínio de luxo para usar drogas no "mocó" da favela ao lado? Por que é preciso beber para soltar o corpo numa balada e dançar? Ou, então, qual a razão de tomar "balinhas" para deixar a noite mais animada?

De novo é preciso recorrer ao tema do sentido da vida, da razão de ser no mundo e na percepção que o jovem tem de si. É preciso ser honesto e reconhecer que a juventude não é um momento psíquico fácil. A flor da idade, se nos traz a beleza da jovialidade e vigor físico, nem sempre é acompanhada pela maturidade psíquica. E ouso dizer mais: falta ao jovem experiência de Deus, a pulsão espiritual que dá sentido à vida. Falta aquele apaixonamento por Jesus Cristo.

Não quero com isso dizer que uma vida espiritual desligada do mundo será capaz de salvar o jovem. Não estamos falando aqui em experiências radicais, de fuga do mundo, de orações intensas e contínuas! Ter uma vida espiritual, experimentar o amor de Cristo jamais exilou ninguém de seu entorno, de sua vida, de seus sonhos, alegrias, prazeres. Simplesmente com Cristo tudo isso adquire outro significado, outro sentido mais profundo, a vida muda para melhor e encontra-se o valor das pequenas coisas. Só consegue livrar-se das cadeias das drogas o jovem que encontrou a razão para viver! A pergunta mais difícil de ser respondida, mas que precisa ser respondida na juventude (e sempre!) é aquela que você faz a si mesmo sobre o sentido de sua vida. Quem sou eu e o que quero para mim? A resposta dada será sua salvação, se você a der iluminado pelo amor a Jesus Cristo.

**Para refletir:**

1. Em sua opinião, por que os jovens se envolvem com o submundo das drogas?
2. Você conhece histórias de jovens que perderam a batalha contra as drogas?
3. Você acredita que a espiritualidade é fator essencial para que o dependente se recupere?
4. Qual sua opinião sobre o comércio de drogas lícitas, como bebidas e cigarro?

7

# A ditadura da aparência e os rótulos sociais

*"O corpo humano é a carruagem.*
*Eu, o homem que a conduz.*
*O pensamento, as rédeas.*
*Os sentimentos, os cavalos" (Platão).*

Cuidar do corpo nunca foi uma atividade valorizada como nas últimas décadas. Na história da humanidade, nunca o corpo foi tão cultuado e colocado em evidência como em nosso tempo. A indústria cosmética lucra vultosas quantias de dinheiro anualmente, empresas especializadas em remédios e produtos naturais crescem em todo o mundo, salões de beleza, clínicas de estética, academias de ginástica, enfim, toda a variada gama de produtos e serviços que pretendem melhorar nossa vida corporal ganham adeptos diariamente.

Graças ao desenvolvimento da química, novos medicamentos prolongam nossas vidas e diminuem nossas dores; graças às novas descobertas científicas, surgem tratamentos e técnicas que têm feito uma revolução no modo como encaramos a vida. Hoje, a expectativa de vida aumenta a cada ano e o mundo envelhece com mais saúde. As gerações mais jovens se cercam de certos cuidados com a saúde e criam hábitos mais saudáveis. Essa supervalorização do corpo, da estética, da beleza física e da saúde nada teria de ruim, se por trás desses cuidados não se escondessem alguns exageros que têm causados muitos males, de modo especial aos jovens e adolescentes.

É preciso dizer que a geração saúde é também a geração do imediatismo. Nem sempre os jovens conseguem entender que a vida depende de cuidados para que não definhe antes do tempo. Há uma ansiedade em querer ser perfeito, bonito, sarado! E nessa loucura na busca pela perfeição corporal, muitos exageram, estragam a saúde com medicamentos que prometem beleza imediata, desenvolvem distúrbios graves, como a anorexia ou a vigorexia. Muitos gastam o que não têm em tratamentos estéticos, entregam-se a cirurgias plásticas desnecessárias. Passam a acreditar que só serão aceitos socialmente, no grupo de amigos, se estiverem dentro do padrão dito como socialmente "aceitável".

**Anorexia:** é o comportamento persistente que uma pessoa apresenta em manter seu peso corporal abaixo dos níveis esperados para sua estatura, juntamente a uma percepção distorcida quanto a seu próprio corpo, que leva o paciente a ver-se como "gordo". A pessoa com anorexia costuma usar meios pouco usuais para emagrecer, como exercícios físicos intensos, indução do vômito, jejum, ingestão de diuréticos e uso de laxantes.

**Vigorexia:** caracteriza-se pela distorção da autoimagem do corpo. Os indivíduos vigoréxicos usualmente se descrevem como fracos, pequenos, mesmo tendo desenvolvido musculatura acima da média. O resultado é que acabam desenvolvendo a dependência pelo exercício físico e uma espécie de obsessão pelo corpo musculoso, uma vez que nunca se satisfazem com a condição em que se encontram, ou seja, nunca se sentem suficientemente fortes.

Atualmente, entre os jovens, a ditadura do aspecto físico tem causado um frenesi sem precedentes, levando muitos rapazes e moças a dedicarem horas e horas ao cuidado do exterior, à preocupação com detalhes estéticos, a uma corrida louca em busca de padrões de beleza inalcançáveis e desnecessários. E nessa ânsia pelo belo e perfeito, o jovem não somente se penaliza e sofre internamente, como também acaba por criar comportamentos preconceituosos com seus pares, baseados em aspectos físicos e estéticos.

Rótulos que são colocados naqueles que são magros demais ou gordos demais, rótulos naqueles que tenham alguma imperfeição física, rótulos que excluem os que não são capazes de ter uma aparência "sarada", um rosto bonito ou um corpo esbelto e elegante. Pressões sociais que acabam por alcançar também os aspectos relacionados com roupas, acessórios, sapatos e daí por diante, numa seleção artificial sobre bons ou maus, a partir do modo como se vestem ou se divertem.

Essa ditadura da aparência tem sido causa de transtornos psíquicos graves, pois mesmo que muitos jovens consigam levar a vida numa boa, assumindo seu jeito de ser e suas características, outros, cuja personalidade carrega alguma fraqueza, acabam por se intimidar pelas pressões da sociedade e desenvolvem tendências ao isolamento, ansiedades, transtornos de personalidade e outros problemas que prejudicam ainda mais o aspecto corporal.

Ou seja, gera-se um círculo vicioso, no qual a pessoa, insatisfeita consigo mesma, acaba por desenvolver atitudes que a prejudicam ainda mais e assim pioram sua autoestima. A solução, em muitos casos, depende de intervenção de profissionais como psicólogos, psicoterapeutas ou até mesmo psiquiatras.

Junte-se a isso a agressão que chega externamente pelas práticas hoje reconhecidas como *bullying*. Muitos adolescentes e jovens desenvolvem sérios transtornos de comportamento e transtornos sociais por causa da implicância violenta dos colegas de escola ou da convivência grupal. E grande parte desses atos agressivos e desnecessários tem suas raízes em questões de aparência ou comportamentos introspectivos.

Houve um tempo em que o homem se guiava pela expressão "mente sã, corpo são". Antes de tudo era preciso cuidar da mente, dos pensamentos, dos sentimentos, das paixões. Certamente, uma boa saúde mental é base para que tenhamos uma boa saúde física, ou ainda, sendo mais claros, não conseguimos imaginar que alguém possa ser equilibrado se não cuidar dessas duas faces da vida humana – corpo e mente se tornam partes distintas de um mesmo ser, o humano. Mas como o jovem deve lidar com essas realidades? Que tipo de apoio ele tem quando o assunto é seu equilíbrio psíquico e físico?

Um processo educacional que ajude a criança e o adolescente a entender que há valores mais importantes que a aparência pode ser o começo de uma via mais equilibrada na juventude, e aqui entra o papel dos pais e responsáveis; o incentivo a uma vida que tenha bases religiosas pode também ajudar na formação de uma identidade madura, mas lembramos que o excesso ou fundamentalismo pode ser nocivo e até mesmo inflacionar certos dramas internos por causa da culpa. O certo é que o jovem precisa aprender a gostar de si mesmo, o jovem precisa desenvolver autoestima e, obviamente, precisa cultivar uma personalidade que esteja acima de modismo.

Mas não vamos pender para o lado oposto. Comportamentos de desleixo corporal e higiênico não combinam com um jovem de atitude sadia. Manter cabelos aparados, unhas cortadas, fazer a higiene corporal e bucal diárias, manter-se apresentável socialmente, usar roupas adequadas para cada ocasião, tudo isso não só é comportamento aconselhável, mas também desejável para que se tenha um desenvolvimento humano tranquilo e possibilidades de inserção humana, social, profissional nos mais variados ambientes!

**Para refletir:**

1. Você se preocupa com seu corpo? Em que medida? Está satisfeito com sua aparência?
2. Que comportamentos você desenvolve diante das críticas de seus amigos sobre algum aspecto de sua aparência? Você já sofreu *bullying*?

# 8

# Sexualidade e desenvolvimento humano integral

*"Quando duas pessoas fazem amor,*
*não estão apenas fazendo amor,*
*estão dando corda ao relógio do mundo"*
*(Mario Quintana).*

Nem o primeiro, nem o último tema de nosso livro, mas a sexualidade certamente é o tema que mais nos obriga a ser prudente nas palavras. Em pleno século XXI somos herdeiros de uma longa tradição religiosa que relegou a sexualidade ao plano do pecado e do mal, e agora, quando um discurso religioso renovado pretende recuperar a sacralidade da sexualidade, já estamos tomados pelo liberalismo e permissivismo sexual. Triste realidade a nossa, em que o erotismo desmedido e a pornografia ocupam as primeiras filas de nossos desejos e nos desviam a atenção de coisas que seriam certamente mais valiosas e importantes. Não é agradável escrever isso, mas estamos vendo nascer uma geração de crianças erotizadas!

Mas que tal começar com uma explicação da palavra "sexualidade", mesmo que essa explicação já tenha sido repetida à exaustão em centenas de milhares de livros? Sexualidade, bem entendida, é o conjunto de tudo aquilo que me dá sentido antropológico e que define meus padrões de gênero e pulsões vitais e sexuais. Todo ser humano é sexuado, não somente porque é definido por gêneros – masculino e feminino –, mas porque carrega em si a pulsão de uma vida definida por sua sexualidade. Todo o ser do homem e da mulher carrega a marca de sua sexualidade, por isso a maturidade e o equilíbrio nesse ponto definem o modo de agir e os comportamentos amplos em cada um.

No campo da sexualidade humana ocupa lugar de relevância a definição sexual. Estudos modernos já indicam que a sexualidade humana é muito mais complexa do que supostamente podemos pensar. Assim, homem e mulher, gêneros base de toda espécie humana, podem manifestar suas pulsões de vida e suas características humanas em construções de sexualidade consideradas fora da normalidade. Essa complexidade sexual não significa necessariamente vivências sexuais e genitais extraordinárias ou moralmente culpáveis. Mas não podemos falar de sexualidade sem considerar que este é um mundo de muitos caminhos, nos quais sofrimento, aceitação, medo, solidão, fracasso, prazer, preconceitos e tantos outros adjetivos convivem diariamente e nem sempre de maneira saudável.

Até agora não entrei na questão moral que envolve a vivência sexual humana. Falaremos disso adiante, consonantes com os ensinamentos da Igreja. Antes, porém, meu jovem leitor, que tal se provocar no sentido de olhar o modo como tem vivido sua sexualidade? Como tem sido para você o despertar hormonal, que brotou na adolescência e agora se manifesta em todos os seus poros? O que você tem feito para descobrir e amadurecer sua sexualidade? Você gosta de você, de seu jeito, de seu corpo? Sofre com algumas reações de seu corpo? Culpa-se por alguma atitude que lhe parece ferir ou ir contra princípios que carrega consigo?

Que parte de seu tempo diário você gasta pensando em sexo, no seu e no dos outros?

No mundo nada é mais prazeroso, e paradoxalmente mais doloroso, do que a vivência de nossa sexualidade e corporeidade. O terreno da sexualidade ainda é recoberto por tabus, medos, incertezas. Pais e filhos pouco ou quase nada discutem sobre o assunto. O aprendizado, infelizmente, acontece na roda de amigos e na rua, e nesses ambientes nem sempre a sexualidade encontra terreno propício para desenvolver sadiamente. Entre amigos se fala e se aprende, e se partilham experiências de ordem sexual, cada dia iniciadas com mais precocidade, mas entre amigos quase nunca aparecerá uma conversa sobre a beleza do corpo humano, a capacidade cocriadora dada por Deus, a sacralidade da intimidade de cada um, o tempo de maturidade que deveria ser exigido para quem quisesse aventurar-se no mundo da descoberta sexual do outro. Entre amigos fica-se somente na casca. Estaciona-se numa conversa mole sobre quem é o melhor na arte de conquistar o sexo oposto, exagera-se nas histórias de conquistas sexuais. Entre amigos vale inflacionar meu *sex appeal,* mas por vezes, lá dentro, meu ser está em frangalhos!

O grande drama do jovem é a ditadura do corpo, do sexo e do prazer. Bombardeados desde pequenos com pornografia e exposição exagerada do corpo, influenciado por discursos publicitários que evocam o poder e o sucesso a partir do valor do corpo e do sexo, aliciados pela indústria do entretenimento sexual e pela facilidade dos relacionamentos esporádicos, mergulhados no mundo virtual onde o sexo passeia sem fronteiras, e cada vez mais fragilizados espiritualmente, os jovens não encontram outro apoio a não ser deixar-se levar pelo discurso do prazer sem medidas e a qualquer preço. Vale mais o instante do prazer sexual do que a reflexão sobre o sentido da vida. Para que parar e pensar se podemos gastar nosso tempo de modo mais prazeroso?

**Erotismo** é o conjunto de expressões culturais e artísticas humanas referentes ao sexo e ao amor sensual. Demonstra o amor, paixão, desejo intenso. Enquanto a **pornografia** demonstra o ato pela simples forma, sem conteúdo, sem gerar nenhum sentimento que não o da excitação e desejo sexual. A pornografia não acrescenta nada às relações humanas, ao contrário, depõe contra a sacralidade do sexo.

Onde há exageros, há desespero! Erotização extremada e pornografia acabam por sufocar em nós a personalidade. O desejo de "nosso" prazer nos leva a usar as pessoas para nossa satisfação imediata, que é sempre vazia; o prazer sexual, como vivido hoje pela grande maioria dos jovens, além de não construir um estrutura psíquica madura, provoca dramas humanos irreparáveis, que podem ser de ordem física, psíquica e, sobretudo, espiritual. A efervescência hormonal, se deixada ao léu, formará adultos sexualmente infantilizados, egoístas, presos em si mesmos e incapazes de se doar inteiramente numa relação de verdadeiro amor e companheirismo.

Muitos dos males dos relacionamentos jovens nascem de um ato egoísta que insinua mais ou menos o seguinte: "O meu prazer está acima do outro, e se ele não puder me satisfazer buscarei este prazer em outra pessoa". A máxima do amor doação, do amor ágape, tem se perdido no meio do sexo sem compromisso, mas ouso relembrá-lo aqui: Nas palavras de Jesus, extremamente coerentes nesse contexto, é preciso amar o próximo como a si mesmo!

Moralmente falando, a vivência desregrada da sexualidade é caminho pecaminoso. Viver de modo imaturo o dom da sexualidade, seja lá de que maneira, é sempre um começo de desastre espiritual. Colocar no centro de sua vida e de seus interesses realizações sexuais descabidas ou exageradas será sempre moralmente errado.

Mas nos soa quase ridículo falar de pecado para jovens, num mundo onde o discurso do "tudo pode" já entrou goela abaixo da juventude. Pobre a Igreja que pretender proibir ou questionar práticas sexuais nos jovens: torna-se careta, antiga, atrasada, fora de moda! Porém, lamentamos dizer, a Igreja tem sim uma palavra aos jovens sobre a sexualidade. Essa palavra quer libertá-lo. Essa palavra é Jesus Cristo! Nele, a experiência sexual será plena e libertadora; fora dele seremos prisioneiros dos cárceres de nosso próprio egoísmo.

No **Catecismo** da Igreja lemos que "A sexualidade, mediante a qual o homem e a mulher se doam um ao outro com os atos próprios e exclusivos dos esposos, não é em absoluto algo puramente biológico, mas diz respeito ao núcleo íntimo da pessoa humana como tal. Ela só se realiza de maneira verdadeiramente humana se for parte integral do amor com o qual homem e mulher se empenham totalmente um para com o outro até a morte" (CIC 2361).

No fundo, a preocupação da Igreja, Mãe e Mestra, nem é tanto com a realização ou não do ato sexual entre jovens. Acho que ela já percebeu que não pode impedir os jovens, nem ninguém, de terem uma vida sexual ativa desde muito cedo. Mas a Igreja preocupa-se com a estrutura humana dos jovens, com seu mundo interior, com os valores que nortearão a vida de um jovem rapaz ou de uma jovem menina. Ainda que não tenha a tarefa punitiva ou cerceadora, a Igreja deverá manter sua pregação sobre o valor do amor, o respeito a seu corpo e ao corpo do outro, a beleza do encontro sexual entre duas pessoas que se amam e que fizeram aliança de vida pelo matrimônio. A Igreja será sempre contra encontros sexuais prematuros, inconstantes, infantis. A Igreja negará que o sexo deva ser motivo de diversão, moeda de troca, brinde ou pagamento por alguma coisa! Inspirada pela Palavra de Deus, a Igreja seguirá adiante clamando a todos, sobretudo aos jovens, que o corpo é dom e morada do Espírito Santo e que jamais deve ser usado somente pelo prazer momentâneo em si mesmo. Esse discurso é um tesouro espiritual da Igreja, e por mais que possa parecer ridículo, é o único capaz de dar segurança ao jovem que quer de fato crescer na vivência madura de sua sexualidade.

A Igreja seguirá iluminada por Cristo, a proclamar a beleza do encontro sexual no casamento, a fecundidade da vida, a riqueza do amor humano, reflexo do amor de Deus. E a Igreja continuará tendo a certeza de que somente uma vida marcada pela doação ao outro, de maneira plena, no amor e no Espírito, é capaz de promover verdadeiramente a integridade da sexualidade humana. Pena que muitos jovens perderão o encanto do amor nas muitas aventuras e desventuras sexuais que, irracionalmente, viverão entre seus amigos e amigas, na ânsia de se encontrarem como pessoa. Para muitos a descoberta de que a sexualidade é sagrada e assim deve ser tratada será feita tarde demais, às vezes com danos irreparáveis para sua saúde física e mental.

Em tempo: deixamos aqui uma palavra sobre a "cultura gay", que tem tomado conta de muitos setores da sociedade. A Igreja, que acolhe e respeita o homossexual, orientando-o a viver suas pulsões sexuais de modo equilibrado e correto, e se possível num esforço de castidade; não coaduna nem aplaude os esforços de grupos e de interesses do mercado que apostam na cultura "gay" como alvo para suas apostas lucrativas. O respeito ao ser humano e à diversidade sexual, como expressões possíveis da sexualidade humana, é orientação da Igreja e do Evangelho, como é o respeito por qualquer outro grupo que esteja sujeito aos preconceitos sociais, mas a Igreja jamais deverá apoiar ou incentivar comportamentos invasivos e desrespeitosos, situações de permissividade sexual ou desvios comportamentais danosos à religião ou à sociedade. A mesma orientação deve ser dada em relação aos desvios sexuais de natureza heterossexual. A Igreja parte do princípio da sacralidade da sexualidade e dos atos de ordem sexual. Onde há amor, de fato, somente aí pode haver equilíbrio humano e espiritual.

Também deixo uma palavra sobre a vida interna da Igreja e a relação com seus ministros ordenados. Muitos jovens se decepcionam com a Igreja justamente porque há um hiato entre o que se ensina e o que se pratica. Relatos de escândalos sexuais na Igreja são danosos e desmotivam o respeito pela instituição. Nesse ponto, a Igreja precisa se ajudar, ser corajosa em enfrentar esses fatos e até punir, se for o caso, aqueles que são causa de escândalos para os pequeninos. Entretanto, casos particulares jamais podem ser lidos num contexto genérico, correndo-se o risco de "ao jogarmos a água suja fora, jogamos também o bebê que acabamos de banhar". Ainda que na Igreja os escândalos de origem sexual acabem chamando a atenção da opinião pública, é preciso saber filtrar as informações da mídia e não exagerar nos julgamentos.

**Para refletir:**

1. Como você vive sua sexualidade? Você se sente sexualmente equilibrado?
2. Você já teve relacionamentos sexuais? Como você avalia essas suas práticas?
3. Você percebe que a sexualidade e os pensamentos de ordem sexual prejudicam seu desempenho nas atividades ordinárias da vida? O que faz para buscar um equilíbrio?
4. Qual sua opinião sobre virgindade, castidade e vivência cristã da sexualidade?

# 9

# Cidadania e política

*"O seu humano é, naturalmente, um ser político"*
*(Aristóteles).*

Para a geração do terceiro milênio, política e cidadania parecem palavras esvaziadas de sentido e que pouco ou quase nada provocam sentimentos de respeito e engajamento. Vivemos no tempo dos valores do indivíduo, da despreocupação com o ambiente público, do esfacelamento das lutas por uma sociedade mais justa em suas estruturas. Para a geração que viveu o auge da luta pela democratização do país nos anos 1960-1970, que enfrentou a ditadura e que tinha ganas políticas, o jovem de hoje é apático, sem graça, descompromissado e infantil.

A geração do computador, do videogame, das redes sociais, da explosão consumista e da falta de perspectiva de futuro será mesmo uma geração apolítica? No horizonte de preocupações dos jovens de hoje será que há espaço para a reflexão sobre as diferenças sociais entre pobres e ricos, racismo e escravidão, meio ambiente, violência urbana e rural, papel da mulher na sociedade e rumos econômicos do país? Ou na cabeça do jovem importa mais conseguir o último lançamento tecnológico, o tênis mais moderno, ir ao cinema com amigos, jogar videogame e passar o fim de semana em baladas?

Será mesmo que a juventude do ano 2000 não tem ideais políticos e sociais? Será mesmo que a atual geração jovem só se preocupa consigo mesmo, com suas músicas, com a última moda, com drogas e baladas? Será mesmo que a atual juventude é infantilizada e despretensiosa? Este capítulo não é o mais agradável do livro, mas nossas reflexões ficariam empobrecidas se caso ele não existisse. Assim, assumamos a árdua tarefa de falar de política e cidadania para o jovem do século XXI.

Não é verdade que o jovem dos dias de hoje não se interesse por política. A palavra política, em si, encerra tão vasto sentido que dificilmente possamos dizer que exista algo em nosso dia a dia que não seja político; a arte de cuidar da cidade, do que é público, do gerenciamento dos espaços e relações humanas é parte constitutiva de toda a sociedade do planeta. Somos seres políticos e fazemos política do amanhecer ao pôr do sol. Obviamente, fazer política, no sentido mais amplo da palavra, não quer dizer necessariamente ter um engajamento partidário na política ou mesmo se dedicar a atividades públicas que são de ordem política.

Talvez seja nessa particularidade da política, aquela partidária, dos jogos de interesses, das coligações e discussões públicas e, aqui no Brasil, da política marcada pela corrupção e pelos jogos escusos de interesse pessoal que o jovem de hoje prefira ausentar-se. Não que ele queira, mas ele percebe que esse ambiente não satisfaz seus valores. Quase não vemos hoje jovens preocupados com política, jovens candidatos a cargos públicos com sonhos de transformação social; quase não vemos jovens no debate pelos projetos políticos de sua cidade, estado ou nação. Nesse sentido, a geração atual é muito menos politizada do que aquela que saiu às ruas para gritar "Diretas Já". Mesmo a lembrança do movimento "caras-pintadas", quando do impeachment do então presidente Fernando Collor, parece ter ficado muito para trás.

**Caras-pintadas** foi um movimento estudantil brasileiro realizado no decorrer do ano de 1992 e tinha como objetivo principal o impeachment do Presidente Fernando Collor de Melo. O movimento baseou-se nas denúncias de corrupção que pesaram contra o presidente. O nome "caras-pintadas" está relacionado com o símbolo do movimento: as cores verde e amarelo pintadas no rosto.

Mas dizer que os jovens não se preocupam com política e cidadania carrega certa ingenuidade. Nenhuma outra geração preocupou-se tanto com questões ambientais e ecológicas, iniciativas sociais de resgate do ser humano, engajamento em projetos voluntários que visam o bem social; a atual geração quer fazer o bem para a sociedade, mas só se engaja caso seja convencida do valor daquela ação. Palavras vazias não mais convencem. Iniciativas concretas conseguem adesão da juventude. Grandes concentrações de jovens por uma causa são comuns hoje. Basta ter como exemplo, tendo em vista o mundo religioso e católico, o afluxo de milhares de jovens para as celebrações da Jornada Mundial da Juventude. O que atrai aqui não são os discursos, mas a possibilidade de partilhar ideias com pessoas das mais diversas realidades e que sonham juntas por um mundo melhor. De certa forma, esses jovens sonhadores estão fazendo política. Estão mudando o mundo e o pensamento, estão transformando seu entorno e plantando valores. Talvez a própria política mude com o tempo, quando chegar a hora dessa geração necessariamente ter de assumir a condução da vida política de seu país.

As **Jornadas Mundiais da Juventude (JMJ)** nasceram do desejo do beato João Paulo II, papa da juventude, que quis reunir jovens católicos de todo o mundo em oração e ação de graças. As JMJs acontecem de tempos em tempos e são organizadas em diversos países escolhidos pelo papa, como sede do encontro. Geralmente, milhares de jovens respondem ao chamado da Igreja e deslocam-se em peregrinação para as JMJs. Em 2013, a JMJ acontecerá no Rio de Janeiro, tendo como tema "Ide e fazei discípulos entre todas as nações".

Mas há também as concentrações juvenis em terrenos bem menos religiosos: festas e baladas que duram dias, marchas a favor disso e daquilo, concentrações esportivas ou em shows de celebridades. Também aqui os jovens estão dando um recado social, estão deixando sua marca e mostrando seus valores. Ainda que muitos desses ambientes não sejam exatamente "saudáveis", a Igreja não pode deixar de ouvir esses jovens, afinal são eles que precisam ser integrados à caminhada da fé. O que dizem para a sociedade os jovens que gastam grande parte do tempo em festas, baladas e shows? O que eles gritam? Ouvi-los e tentar decifrá-los é tarefa das maiores que a Igreja tem de enfrentar nesse início de milênio.

Outro dado que mostra a participação jovem nas questões sociais e cidadãs pode ser encontrado no número extenso de ONGs que existem pelo país afora. Deixando de lado os grupos que usam de boa-fé para proveito pessoal, podemos dizer que a grande maioria das ONGs (e elas são de todo tipo e espécie) agrega jovens que buscam um sentido de vida para si e para o próximo. Basta uma vasculhada pela internet para encontrarmos jovens engajados no trabalho em periferias, lutando contra a violência e as drogas; jovens envolvidos com comunidades interioranas, como quilombolas e aldeias indígenas; jovens que lutam em grupos que pleiteiam casa e campo para a manutenção da vida. A lista seria extensa e essa constatação ajuda a diminuir em nós a sensação de que a juventude não quer nada com a vida ou com a sociedade. Repetimos: ainda que não apareça muito, afinal a mídia gosta de pessoas que consumam bens e serviços, e não de pessoas esclarecidas, existe uma miríade de iniciativas juvenis que prezam pela consciência política e cidadã.

A Igreja Católica, que reúne em si grupos jovens das mais diversas experiências espirituais, mantém viva, por exemplo, a Pastoral da Juventude, que entre outras coisas predispõe a ajudar os jovens cristãos católicos a conhecer sua comunidade, sua cidade e seu entorno social, e assim, embalados pela experiência do Cristo que questionou as estruturas opressoras de seu tempo, eles possam também se tornar membros ativos da fé e cidadãos responsáveis. A fé encontra a vida e vice-versa, quando mergulhamos na vida de Jesus e iluminamos nossa própria vida com os ideais do Mestre. Também grupos de linha mais espiritual, antes preocupados somente com o "mundo de lá", tomam consciência de que é preciso construir o Reino de Deus desde já. Esses grupos, que atraem muitos jovens, podem prestar um ótimo serviço à sociedade, caso motivem seus membros a ter uma vida social, política e cultural tão animada quanto à vida espiritual que levam. No fim, concluímos que política e cidadania são coisas sérias para que a juventude as despreze. Pense nisso!

**Para refletir:**

1. Você conhece jovens (ou grupos juvenis) envolvidos em causas sociais e políticas?
2. Por que o jovem se envolve pouco com a vida política do país?

3. Você defenderia a ideia de que a juventude de hoje não gosta de política e só pensa em satisfazer-se a si mesma? Sim ou não? Por quê?
4. Em sua cidade, na prefeitura, há jovens políticos (vereadores ou prefeito)?

10

# Consumir, para que mesmo?

*"O problema não está em consumir,*
*consumir é sobreviver, mas em colocar o consumo*
*em primeiro lugar. Isso sim é ser fútil" (Sérgio Fajardo).*

Não vou escrever contra o consumo. Nem dizer que o consumo destrói a integridade humana e cria diferenças sociais e psicológicas entre pessoas. Não sou um radical que pretende dizer contra toda e qualquer forma de consumo, mesmo porque me passaria por louco e insano. Não há como viver sem consumir. Somos seres consumidores, a começar pelo ar que entra nas narinas e pela água e alimento que nos mantêm vivos. E mais, somos consumidores de beleza, somos seres estéticos. Ainda que qualquer sapato ou blusa me proteja do chão duro e do frio, o homem conquistou o senso de beleza e praticidade, senso estético que o separa dos outros animais. Assim, precisamos de uma blusa, mas, ao buscar sanar nossa necessidade pelo consumo dessa blusa, mais do que sua função, o ser humano busca sua forma: a blusa precisa ser bonita a meus olhos, precisa ser bem-feita, com cores que me agradem, enfim, meu consumo passa por fatores subjetivos e não somente objetivos.

Mas também não pretendo encarnar o capitalista maravilhado pela quinquilharia exposta nas vitrines e fingir que o verbo "comprar" é capaz de salvar gregos e troianos. Quero ser realista: quem nunca comprou ou desejou comprar que atire a primeira pedra! Mas atenção: somos devedores de uma moral cristã que nos é cara. O evangelho é muito claro no que se refere ao supérfluo e ao inútil. Jesus incentivava seus seguidores a abrir mão do excesso e viver na simplicidade. Mas não podemos imaginar que Jesus fosse capaz de proibir a aquisição daquilo que fosse para o bem da comunidade, da família e do trabalho. Assim, quando pensamos em consumir isso ou aquilo, há que considerar algumas variáveis caras à vida cristã, como a necessidade e a simplicidade. O desejo da moral social do cristianismo não é privar as pessoas de suas necessidades, mas sim que todos, sem distinção, pudessem sanar suas reais necessidades para o desenvolvimento de uma vida digna. E nessa lógica todo supérfluo se torna pecaminoso, pois o que me sobra em excesso é justamente o que falta a meu irmão. Pensemos nisso e demos uma examinada em nossas gavetas e armários.

O mal do consumir nos dias de hoje não reside no sonho de melhorar a condição de sua moradia e seu lazer. Nada há de errado em ter ambições sadias, como conseguir mais comodidade para sua casa ou cursar aquela faculdade, ou mesmo ter condições de fazer um passeio e conhecer novos lugares e pessoas. O mal que nos aflige é algo maior, e este sim deve ser banido. Esse mal é o desejo de ser plenamente humano e completamente realizado enquanto pessoa pela aquisição e posse de bens materiais e aparatos materiais. Deixa de ser sadio e de ser cristão o desejo de posse material que pretende ser o salvador de todas as nossas falhas e fraquezas. É danoso acreditar que o *ter* em excesso pode ser garantia de *ser* mais completo e melhor. O pecado não reside em querer ter facilidades, mas na ousadia de imaginar que essas facilidades materiais podem deixar-nos mais fortes, mais poderosos ou mesmo mais visíveis.

Para o jovem essa realidade é sufocante. Mergulhado entre a publicidade enganosa e miríades de propostas indecorosas desta ou daquela marca comercial, cria-se a ilusão de que somente com este ou aquele tipo de tênis ou camiseta será possível sobreviver entre os amigos. É a ditadura da grife! É o ídolo sufocando a existência humana. E que ilusão nós criamos ao acreditar que o tipo de roupa que usamos ou o carro que temos nas mãos pode fazer-nos mais confiantes em nós mesmos. Que ilusão nós criamos quando, ao invés de mandar no dinheiro, deixamos que ele passe a mandar em nós.

A **magia da publicidade**, ação essencial para a manutenção da sociedade de consumo, atinge nosso mais profundo senso de desejo e provoca em nós a falsa sensação de elevação social e cultural a partir do consumo de bens e serviços. Mecanismos psíquicos são acionados em propagandas, cartazes, músicas e frases, para que a publicidade consiga seu objetivo, o de provocar em nós o desejo de consumo, que passa mais pelo desejo do que pela necessidade.

E quanto mal vem do desejo desmedido de consumir e de comprar em demasia. Para os jovens, esta lógica do consumo desenfreado faz vítimas morais e, não raro, faz vítimas reais, seja da violência, da morte e das cadeias. Já nos é sabido que furtos, prostituição e outras atitudes moralmente questionáveis são resultados do desejo de querer mais do que realmente necessito para bem viver. Quantos jovens, vazios de sentido de vida, sem formação familiar sólida e presos aos ditames da publicidade, cometem loucuras para conseguir comprar o celular da moda ou aquele tênis "animal"? Quantos se envolvem em crimes, furtos e roubos? Quantos descobrem que podem trocar os prazeres do corpo (e sua dignidade e equilíbrio mental) por dinheiro e caem na rede maléfica da prostituição? Mas podemos também lembrar outro tipo de vítima, que talvez não chegue ao extremo do roubo, mas que se afunda em crediários infinitos e dívidas enormes, na ânsia de possuir objetos de consumo supérfluos.

O papel da publicidade é fundamental quando pensamos em consumismo. Há um bombardeio diário e constante a nosso redor, vozes que clamam e que prometem felicidade, embaladas em frascos, roupas e carros. Há felicidade vendida na forma de aparelhos eletrônicos e felicidade embalada em cosméticos, bebidas e cigarros. A regra básica da publicidade é vender imagens e não produtos. Sabemos disso racionalmente, mas algo irracional nos leva a comprar este ou aquele produto acreditando que seremos tão bonitos ou tão poderosos como a garota ou o garoto-propaganda. Consumismo, desejo, sonhos e não produtos. Mas essa ilusão dura o tempo de um segundo, e nos pegamos, mesmo empetecados ou "produzidos", do mesmo modo desiludidos de sempre. Desejosos de algo que nos complete de fato, que nos faça ter sentido na vida e que impulsione nosso ânimo para seguir adiante. Não é o que consumimos desmedidamente que nos levará a ter uma vida feliz.

Diante disso resta uma singela conclusão: somos consumidores e isso faz parte da vida humana. Mas o excesso, o exagero, o querer possuir aquilo que de certa forma cumpre apenas o ritual da satisfação imediata, isto já está além do que pode ser considerado correto. Há que educar nossos desejos materialistas. Há que recuperar o sentido espiritual da vida. Tudo passa sobre a terra, e o que pretendemos levar conosco? Lembremos que Jesus, nossa referência maior, nasceu numa pobre manjedoura em Belém e jamais possuiu nada para si mesmo.

**Para refletir:**

1. Você já comprou coisas que nunca usou? Ou que foram descartadas em pouco tempo?
2. Qual foi a última coisa que você comprou? Serviu para alguma necessidade ou simplesmente foi adquirida?
3. Que critérios ter para bem usar nosso dinheiro?
4. Você já pensou em fazer uma grande arrumação em suas coisas e doar aquilo que só está ocupando espaço?

11

# Eu sei que você tem seus ídolos, mas precisa gritar tanto?

*"Todos devemos ter ídolos ou inspiração para seguir em frente e partir para os objetivos de nossas vidas" (Rahvok).*

Mesmo os mais apaixonados por Jesus Cristo lamentam profundamente que nem sempre consigam responder com sinceridade absoluta ao chamado que diariamente Ele faz. A presença medonha do pecado em nossa vida é limitação real que nos afasta de Cristo. Repetimos o que São Paulo, grande apóstolo, um ser humano e por isso também um homem marcado pelo pecado, dizia aos seus: "Pensando em fazer o bem que quero acabo por fazer o mal que não quero" (Rm 7,15). Mas mesmo assim, mais errando que acertando, nós nos orientamos pelos ensinamentos de Jesus Cristo. Nele colocamos toda a confiança. Assim, ele se torna um ídolo, alguém que nos inspira ao bem!

E antes que algum observador mais atento nos faça recordar o sentido bíblico da palavra ídolo e todas as consequências teológicas advindas do uso dessa palavra, nós nos defendemos dizendo que usamos a palavra no sentido laico e não no sentido religioso.

Não queremos dizer que Jesus deva ser idolatrado, como se fora um objeto ou uma divindade qualquer. A palavra ídolo é escrita aqui no sentido de alguém que nos é referência, alguém que é capaz de causar boa impressão e atrair para seus ideais e caminhos, alguém carismático. E nesse sentido queremos deixar claro que podem existir (e existem) ídolos producentes e outros, infelizmente, contraproducentes.

Quando usamos a palavra *ídolo*, vem-nos à mente uma pergunta existencial que gostaríamos de partilhar com você. Tem a ver com o culto e a veneração exagerada por determinados ídolos dos cenários musicais e artísticos atuais. Havemos de convir que ter Jesus Cristo como referência de vida sempre nos acrescenta algo de bom. Mesmo aqueles que não creem nele como Filho de Deus, ao menos encontrarão nele um ser humano capaz de nos inspirar a viver melhor nossa vida! Agora, o que leva milhares de adolescentes e jovens, meninos e meninas, a mergulhar em um estado eufórico extremado e exagerado diante de seu ídolo, seja ele um cantor ou ator do mundo da mídia?

Geralmente, grandes ídolos, fabricados pela mídia e usando artifícios exóticos, atraem para si milhares de fãs que, mais do que venerá-los, são consumidores compulsivos de tudo o que se refere a seu artista favorito: músicas, roupas, costumes, fotos, badulaques dos mais diversos que funcionam como catalisadores de afeição e sentido. E o fã, pobre iludido, o máximo que consegue é o reflexo opaco do desejo de ser ele mesmo um ídolo a ser adorado.

O que não fica claro é a histeria diante do ídolo. Gritos, berros, agitos, devaneios. Obviamente, mais que a presença física do ídolo, que é inacessível aos fãs, há algo ali que deve ser a razão de tanto desespero estampado em gritos e manifestações de êxtase corporal. Mas o que será? O desejo? O inatingível? A vontade de ser igual ao ser ali venerado? Poderíamos estender-nos ao infinito se considerarmos que todos os ídolos conseguem provocar delírios em seus fãs, incluindo aqui padres e cantores do mundo religioso. E aí de novo nasce a pergunta: por que diante de seus ídolos esses jovens gritam tanto e tão desesperadamente?

De outro lado, é preciso dizer que há muitos apaixonados por música, cinema e teatro que não se matam de gritar ou ficam dias e dias nas filas para ver seus ídolos. Creio que é possível relacionar-se com seus ídolos sem que isso necessariamente signifique ter reações histéricas! Geralmente, ídolos producentes, aqueles que nos oferecem bons exemplos de vida e valores humanos, não provocam histerismo ou gritaria. Penso no modo silencioso com que podemos seguir certos costumes e ideias de pessoas que nos projetam para bem, sem que haja necessidade de escândalos ou estrelismo. Volto a pensar em Jesus: nele tudo atrai e nem por isso é preciso reagir com gritarias diante de sua presença. Ao contrário, absorvemos sua presença até no mais absoluto silêncio.

E então voltamos à pergunta original: o que poderia justificar a loucura diante de um ídolo? Há algo que podemos aprender com esses artistas que seja, de fato, bom para nossa vida? Não seria esse histerismo um recordar quase religioso diante do objeto venerado e inalcançável? O barulho demasiado, a gritaria, os exageros não pretendem projetar em simples mortais a imagem de deuses a serem idolatrados pecaminosamente? Não haveria aqui um moderno paganismo?

Talvez se procurássemos com calma, muita calma, encontraríamos razões que justificassem histerias. Porém, olhando de repente, não consigo encontrar nada de relevante que possa ser razão para tanto desespero frente a um ídolo. E nesse ponto não evito fazer uma análise imediata: quanto maior o barulho diante de alguém, mas vazia fica a pessoa que assim se manifesta. Quem faz muito barulho é que não tem muito a dizer, nem muito mais o que fazer! Não é à toa que as grandes tradições espirituais humanas são sempre silenciosas... é no silêncio que descobrimos as maravilhas de Deus.

Mas voltando ao histerismo adolescente e juvenil diante de ídolos, nunca é demais alertar os pais sobre os exageros de seus filhos e filhas. Por detrás de ídolos está o consumo, o modismo, os maneirismos, a ilusão de uma vida alicerçada num mundo irreal, para não dizer fútil. Nada contra cultivar ídolos da música ou do cinema, mas manter a serenidade me parece ser o mais saudável. E digo mais: mesmo diante de Jesus Cristo e de tudo o que ele significa enquanto Redentor da Humanidade, uma atitude respeitosa deve ser mantida, afinal histeria cristã também não é atitude espiritual nem psíquica saudável!

**Para refletir:**

1. Você tem ídolos? O que aprende com eles?
2. Qual a razão do histerismo adolescente/juvenil diante de seus ídolos?
3. Qual o perigo de dar a uma pessoa um valor absoluto, uma aura de imortalidade?
4. Um ídolo da atualidade (ator, atriz, cantor, jogador de futebol) pode ser referência positiva para a vida do adolescente/jovem? Como e em quais circunstâncias?

12

# Igreja, religião e santidade de vida

*"Sou santo e pecador e minha Igreja também é, porém não troco a minha fé por outra fé"*
*(Padre Zezinho).*

Católicos! Somos uma grande família de fé. Temos um credo, professamos verdades reveladas e chanceladas pela Tradição. Acreditamos que nossa religião nasceu do desejo de Jesus Cristo em manter viva sua Palavra no mundo e conduzi-lo à salvação. Somos universais, nossa Igreja fala todas as línguas! Ela é instrumento de salvação e nos congrega como um povo, o Povo de Deus, caminheiro nas estradas da vida. Temos um alicerce doutrinal e teológico sólido, adoramos Deus-Trindade, veneramos a Mãe de Jesus, confiamos nos santos intercessores. Temos uma belíssima tradição litúrgica, sacramentos que nos trazem sinais da salvação! Temos tradição em caridade e na luta pela paz! Nossos líderes são ordenados pela força do Espírito Santo para o serviço da fé e da verdade. Somos certamente uma religião muito santa, ainda que sejamos também marcados pelo pecado. Mas nada disso terá sentido ou fará alguma diferença se eu não me dispor a ser parte visceral dessa Igreja e dessa fé. O compromisso pessoal e comunitário com a Igreja faz a diferença.

Talvez por isso, mais que abrir a boca para dizer que somos católicos, é bom avaliar se nossa vida transparece o modo de vida proposto por Jesus Cristo na Igreja Católica. A Igreja, que é instrumento de salvação, exige também certos deveres de seus membros. O batismo nos inclui na herança da vida eterna no Ressuscitado, mas também implica um compromisso com a fé. Quantos católicos meia-boca conhecemos? Quantos de nossos amigos jovens garantem que acreditam em Deus e em coisas sagradas, mas não querem um compromisso com a religião? Infelizmente, o século XXI rompe a ligação entre Deus e a religião. Cada vez mais pessoas querem experimentar Deus, mas não querem ter nenhuma obrigação ou vínculo religioso. Triste quadro!

Ser Igreja implica responsabilidade. Quem pensa que ser cristão, seguidor de Jesus, é tarefa fácil ou prazerosa, ainda não sabe nada do caminho. O próprio Jesus afirmou diversas vezes que o caminho seria marcado pela cruz. Mas nesse caminho em busca da santidade e da redenção seremos também interpelados por muitas alegrias e bênçãos. Haverá celebrações jubilosas, encontros amigáveis, experiências de amor. Como na vida, a experiência de fé cristã é complexa, maravilhosa, intensa. E quem não se permite vivê-la, querendo aproveitar de Deus somente o que Ele pode oferecer em benesses, acabará cedo ou tarde decepcionando-se com Deus e consigo mesmo. Não há religião, nem experiência de Deus, que nos prive de viver as coisas boas e os desafios da vida. Uma fé que creia ser só de alegria e louvores é uma fé tão frágil quanto uma flor do campo.

A busca da experiência de Deus, apartada de um compromisso eclesial, está cada dia mais comum. Os chamados supermercados da fé aparecem como possibilidade para quem quer "comprar" a espiritualidade que mais lhe convenha. Busca-se egoisticamente a satisfação religiosa, num individualismo medonho, o mesmo que toma conta de outras esferas da vida do jovem e que também já invadiu o campo da religião. Qualquer anúncio de que haverá responsabilidade e compromisso com deveres religiosos é imediatamente rechaçado. Mesmo alguns movimentos eclesiais católicos servem, muitas vezes, para fortalecer o individualismo e não para promover a comunhão. O imediatismo religioso, a compensação emocional, o relativismo moral agradam muitos jovens. Mas a Igreja é comunidade, e sem ela nada feito. Quem vive sua religião isolado, precisa reler o evangelho com mais calma e redescobrir o jeito de Jesus Cristo.

Temos visto muitas atividades juvenis na Igreja. Há uma aurora de novas gerações em nossas comunidades. Jovens animados, que se reúnem para louvar e agradecer, para ajudar nas missas com ministérios diversos, que gostam de conhecer a vida de Igreja e opinar sobre assuntos religiosos. Há uma geração juvenil pulsando em acampamentos de oração e concentrações eufóricas onde a ordem é dançar, cantar, aplaudir, chorar e participar de momentos de comoção grupal, algumas vezes beirando o histerismo. Esses momentos resgatam os jovens do "mundo", dá-lhes apoio espiritual para vencer os desafios da vida, tira-os da vida de vícios e outros males de ordem pessoal. Há coisas maravilhosas nos movimentos espirituais juvenis, mas nem tudo são flores.

Ouso fazer a pergunta, talvez anacrônica para os dias de hoje: onde está a força da juventude na Igreja que milita, que vai ao encontro dos mais empobrecidos, dos mais fracos? Onde estão os grupos que discutem a vida social e política de suas cidades, que interferem nos assuntos da comunidade com ideias inovadoras, que fazem valer a força da juventude como fator de transformação? Mas esses grupos e jovens, se ainda existem, não se acabam apoiando também em ideologias políticas e metodologias ultrapassadas? Não acabam vivendo uma

Igreja que não existe mais e que luta contra fantasmas que já foram derrotados? Há belezas em grupos juvenis engajados em lutas sociais e em pastorais sociais da Igreja, mas aqui também nem tudo são flores!

Existe na Igreja Católica do Brasil dois tipos recentes de movimentos juvenis, ambos diferentes no modo de agregar a juventude e ambos com belezas e falhas. O primeiro grupo reúne os movimentos e pastorais juvenis que nasceram da renovação eclesial vinda do Concílio Vaticano II e que se estabeleceram como grupos com forte ação social e política, no campo e nas cidades. Representam esse grupo a Pastoral da Juventude, a Pastoral Universitária e outros grupos de maior engajamento político e social. O segundo grupo, mais recente, é fruto dos movimentos pentecostais e espiritualistas que adentraram no Brasil no final da década de 1970 e início de 1980. Esses grupos, ligados ao movimento mais amplo chamado de Renovação Carismática Católica (RCC), são mais ligados à expressão sentimental da fé. Nos últimos anos, e isso sim nos parece preocupante, grupos eclesiais juvenis extremamente conservadores e apoiados em teologias pré-conciliares crescem pelo país.

E o que dizer dos jovens e grupos juvenis cuja visão da Igreja é extremamente conservadora? Como encarar grupos que questionam a autoridade de certas decisões da Igreja, porque se ligam a uma eclesiologia medieval? O que dizer daqueles que se fiam numa religião que se preocupa com exterioridades, como roupas, posturas corporais, detalhes litúrgicos e esquecem da palavra do Mestre que dizia: "Eu quero a misericórdia e não o sacrífico"?

Esses jovens também carregam algumas qualidades cristãs indiscutíveis, mas como os outros grupos acabam por ser portadores de visões equivocadas de Jesus Cristo e da fé.

Em todas as vertentes jovens da Igreja há riquezas e pobrezas, há risos e lágrimas, avanços e retrocessos. Por isso é preciso crescer na fé, decidir por um caminho, avançar nele e questionar alguns atalhos e veredas. Mais triste do que ser envolvido com esse ou aquele grupo, pastoral ou movimento, é ser um jovem alheio a tudo, é ser um jovem desconectado da Igreja e da vida. Mas é ruim também ser um jovem que, na Igreja, se torna tão senhor de si mesmo, de suas convicções, que se fecha ao diálogo com o diferente. A Igreja e a fé só têm a perder quando morre a possibilidade de conversas e partilhas.

Mas não se precipite com rótulos. Não pretendemos aqui dizer que esse tipo de jovem é melhor ou pior que aquele outro. Sabemos que na Igreja há espaços para todos, mas qual Igreja queremos? Nós nos enganamos que a Igreja nos constrói, quando somos nós que vamos construindo a Igreja. E o futuro da Igreja Católica passa por sua opção eclesial, meu caro jovem. A busca do equilíbrio, fé e vida, ação e oração, louvor e compromisso é imprescindível. A virtude está no meio, já disse um grande teólogo da Igreja. Exageros, fundamentalismo, falta de caridade, venham de onde vierem, serão sempre uma mancha na Igreja.

Por isso é fundamental conhecer Jesus Cristo, desvendar sua personalidade, seus sonhos e seu projeto de Redenção. Somente Jesus é a referência para que avaliemos nossas posturas eclesiais. A pergunta, simples e direta, é o que Jesus faria hoje se ele estivesse nessa situação, nesse mundo, nesse momento da história? Que resposta ele teria dado aos problemas que afligem a Igreja e a humanidade? Partindo de uma cristologia séria, é possível colocar à prova nossas ideologias, nossos projetos, nossas verdades. Ele será o dissipador das dúvidas, à medida que nele colocarmos nossas perguntas. Só nele poderemos avaliar se o que temos feito na Igreja é ou não inspiração verdadeiramente cristã ou interesse particular e mesquinho. Quando passamos pelo crivo de Jesus Cristo, todas as ações e projetos podem ser bem julgados.

Enfim, em Cristo Jesus está o sentido de nossa vida cristã e de nosso desejo de santidade. A Igreja, mãe e mestra, oferece diversos caminhos para que encontremos o Cristo, e em todos encontraremos falhas, pois somos humanos e nossos projetos são falíveis. Mas, independentemente disso, a Igreja aponta Jesus como centro de tudo, como razão última da vida de cada um e como Salvador da Humanidade. Ainda que caminhemos de modo inconstante e sejamos marcados pelo pecado, a Igreja jamais se cansa de nos propor o caminho da santidade. Esta é a meta de uma vida religiosa.

De nada adianta viver uma religião, gastar a vida em seguir Cristo com liturgias glamorosas e teologias inovadoras, se não buscarmos a santidade. Ser santo é a grande meta humana e vocação de todo ser vivente. Santificar-se é optar radicalmente pelo seguimento de Jesus, assumir as responsabilidades dessa decisão e testemunhar que vale a pena ser de Cristo. À jovem de fé, ao jovem católico de modo especial, esta é a meta: seja santo como Jesus é santo. Mais que sutilezas teológicas e opções eclesiais, uma coisa é certa e comum para todos os jovens: é preciso apaixonar-se por Jesus, experimentá-lo, segui-lo, testemunhá-lo e, se preciso for, morrer por Ele. E você que chegou a acreditar que ser católico era somente ir à missa, confessar-se, fazer caridade ou lutar pelos pobres! Tudo isso é fundamental, mas nunca será suficiente. Ser Igreja é ser todo de Jesus Cristo, e em tudo tê-lo como referência. Não é fácil!

**Para refletir:**

1. Dentre os diversos grupos, movimentos e modos de ser jovem na Igreja, qual mais o agrada e por quê?
2. Você se considera um jovem religioso? Você tem vida ativa em sua comunidade?
3. Você participa de algum grupo, pastoral ou movimento juvenil da Igreja? Quais as características desse grupo? Você acha que falta algo nele para que seja de fato um grupo da Igreja?

13

# Redes sociais: juventude, amizades e relacionamentos humanos

*"É claro que darei computadores aos meus filhos, mas antes darei livros" (Bill Gates).*

O mundo mudou rápido nos últimos vinte anos. E grande parte das mudanças culturais que vivenciamos tem como ponto de partida o enorme desenvolvimento da comunicação em nossos dias. Talvez para quem tenha vinte e poucos anos seja inconcebível imaginar um mundo sem internet ou sem telefone celular, mas, acredite, o mundo já existia antes das modernidades tecnológicas.

Há uma teoria sobre as gerações humanas que dividem as pessoas nascidas nos últimos sessenta anos em três gerações distintas, não somente por causa das idades, mas especialmente pelas diversas experiências sensoriais e técnicas. De acordo com o pesquisador Don Tapscott,[3] temos as gerações X, Y e Z.

---

[3] TAPSCOTT, Don. *A hora da Geração Digital*. Rio de Janeiro: Agir Negócios, 2010.

A partir de 1960 até 1980, vieram os filhos da geração "Baby Boomers" (pós-guerra mundial), denominados de "Geração X". Esses jovens revolucionaram com posturas transgressoras e totalmente opostas às que se viviam anteriormente, eram os "hippies", os descolados, que procuravam liberdade. Esta é uma das principais características desse grupo, assim como a busca por seus direitos, a individualidade sem perder a convivência coletiva, o amadurecimento para escolher produtos de qualidade, a valorização do sexo oposto e menor respeito à família.

Mesmo com algumas diferenças entre as datas de início e fim das gerações, uma coisa é certa: com o surgimento da internet e de novas tecnologias, o comportamento se modificou. Temos a "Geração Y" (1980 e 2000), que viu o começo da internet, e-mails e produtos eletrônicos. A "Geração Y" é mais autocentrada e egoísta, mas ao mesmo tempo compartilha informações com milhares de pessoas pelas redes sociais. Gosta de zapear, pois está sempre mudando o foco da atenção e executando multitarefas. Aprecia a rapidez e a instantaneidade e sente muita necessidade de inserção em grupos específicos e, portanto, torna-se consumista, mas sem fidelidade às marcas.

A chamada "Geração Z" é uma intensificação da Y e traz também algumas características próprias. Se a primeira é inquieta, a Geração Z é ainda mais, quer tudo ainda mais rápido, pois essas crianças e adolescentes de até 17 anos nasceram abraçados pela tecnologia. Assim, eles serão os futuros consumidores, que desde já influenciam na decisão de compra da família, preocupando-se com a sustentabilidade e com pouca disposição a pagar por conteúdos que estejam de graça na rede.

Que tal ver em qual geração você se encaixa? E será que o que foi dito anteriormente tem fundamento? Você se encaixa na descrição dos perfis das gerações X, Y, Z?

O mundo da geração Z é o mundo dominado pelas redes sociais. Dificilmente, um jovem não terá ouvido falar de *Youtube, Facebook* e *Twitter,* citando somente as redes sociais mais populares. E a grande maioria dos jovens tem perfis inscritos em redes de relacionamento e gastam boa parte do dia "navegando" nesses sites, deixando ali um rastro indelével de suas vidas e particularidades. Nas redes sociais, em seu atual estágio, cabe tudo e tudo pode ser usado contra ou, a favor das pessoas. O modo como usar esses espaços virtuais ainda não está completamente integrado na vida do jovem. Há os que se expõem em demasia, aqueles que criam dependência doentia das redes e mesmo aqueles que acabam por fazer das redes um espaço para práticas imorais, ilegais e ilícitas. Onde está o limite e como estar nas redes sem que isso seja uma prática doentia? Como fazer desse instrumental uma forma de interação, amizade, cultivo de valores e abertura ao mundo que nos rodeia?

Existem pessoas que se decepcionaram com as redes de relacionamento e as abandonaram. Há quem nunca quis entrar nessa febre das amizades virtuais e há quem faz das redes um auxiliar poderoso para suas vidas profissionais e pessoais. Há quem tenha se casado com pessoas que conheceram na internet, há quem teve sua intimidade vasculhada; há quem sofra preconceito e *bullying*; há quem tenha necessitado de internação psiquiatra porque se conectou de tal maneira que não conseguiu mais voltar para o mundo da realidade.

Nas redes podemos ser nós mesmos, mas, na maioria das vezes usamos as redes para mostrar uma parte de nós que temos receio em exibir. Às vezes, as redes são ambientes de extrema sinceridade, afinal nos escondemos atrás de um computador e podemos nos expor sem receio nenhum de sermos condenados. Por outro lado, o mais comum é o uso de *avatares* (personagens, máscaras) no ambiente virtual, o que faz dele um local gelatinoso. A prudência deve ser a grande virtude que devemos ter ao mergulhar nesses mundos onde nem tudo é aquilo que parece. As aparências, no mundo virtual, enganam ainda mais que no mundo real.

O termo **avatar** tem origem no sânscrito e está relacionada com a religião hindu, referindo-se à incorporação de um ser superior numa criatura humana. Essa palavra também tem sido muito usada pela mídia e em informática, referindo-se às figuras criadas por usuário nas redes de relacionamento, permitindo a personalização dentro do computador e aquisição de um corpo virtual.

Mas as amizades e os relacionamentos pelas redes sociais são necessariamente superficiais? É possível ter amigos que nunca vimos e talvez nunca vamos ver? As amizades virtuais nos aproximam ou nos isolam da vida real? Segundo o filósofo grego Aristóteles, a verdadeira amizade só pode acontecer entre pessoas virtuosas, ou seja, entre pessoas que não querem tirar proveito da outra, nem se beneficiar egoisticamente com a pessoa do outro. O amigo de verdade celebra as conquistas, chora nas derrotas e aponta os erros e defeitos do outro.

Nas redes sociais encontramos espaços para experiências distintas, que podemos chamar de amizades próximas – aquelas que conhecemos de verdade e fazem parte de nosso círculo social, profissional, escolar e comunitário – e amizades distantes, aquelas que não participam diretamente de nosso cotidiano, mas pelas quais nutrimos afeição e que nos abrem para um espaço distinto do que vivemos regularmente.

As duas formas de amizade podem ser fontes de confiança e amizade. Enquanto amizades próximas ajudam a formar nossa personalidade, as amizades distantes oxigenam nossa vida e nos permitem visitar espaços sociais com os quais não temos familiaridade, mas que são fonte de enriquecimento e diversificação cultural.

Um exemplo pessoal: eu, sendo um **jovem padre,** tenho muitos amigos católicos, famílias e grupos que me conhecem e que me ajudam a viver minha vocação neste ambiente religioso; mas, ao mesmo tempo, graças ao alcance das redes, eu tenho amigos muçulmanos ou até mesmo ateus, por exemplo. Deles aprendo a conhecer um mundo distante, culturalmente distante do meu, e com isso enriqueço minha vida e elimino preconceitos. Costumo dizer a todos esses amigos improváveis que nossas conversas envolvem mais do que duas pessoas, envolvem dois mundos diferentes que, ao estabelecer diálogo fecundo e respeitoso, enriquecem ambos os interlocutores.

Mas atenção, amizades distantes não podem confundir-se com amizades próximas. Ainda que nos ajudem, um amigo distante jamais irá conosco ao hospital na hora da dor e nem será ombro amigo na hora da morte de alguém. Para esses momentos da vida, os amigos próximos são os que contam de verdade. Mas que sejamos honestos: distâncias não atrapalham verdadeiras amizades! E para finalizar: ter amigos não é colecionar álbum de figurinhas, ou seja, nem sempre é preciso ter muitos e diferentes para ser feliz!

**Para refletir:**

1. Você tem amigos virtuais que estão completamente fora de seu mundo social, familiar e cultural? O que eles acrescentam a sua vida? E como você avalia essas amizades?
2. Estudos apontam que conseguimos ter no máximo cinco amigos de verdade e que nosso círculo social nunca consegue ser efetivo com mais de 150 pessoas. Que tal enumerar seus cinco melhores amigos?
3. Você tem algum perfil em redes sociais? Você usa **avatares** ou se mostra como é? Quantos amigos de sua rede virtual são de fato amigos de verdade?

# 14

# Uma notícia final: você vai morrer!

*"Quando eu morrer, cansado de guerra, morro em paz com a minha terra"* (Chico Buarque).

O ser humano tem diante de si duas grandes limitações: espaço e tempo. Não podemos fugir desses limites que nos são impostos. Estamos em determinado local e nunca podemos estar em dois ou mais lugares ao mesmo tempo – com exceção de alguns famosos santos da igreja. O mesmo se dá com o tempo: somos prisioneiros de determinada época e o relógio, até que alguém prove o contrário, não anda para trás (máquinas do tempo só mesmo no cinema!). Assim, respeitar nosso espaço e compreender nosso tempo são atitudes que nos possibilitam fazer o melhor que podemos com cada um deles.

Quando pensamos no tempo e olhamos o passado, descobrimos que a humanidade encarou o tempo de modos diferentes ao longo dos séculos. A primeira percepção temporal humana está relacionada com o cosmo, com o movimento de astros e estrelas, com as fases da lua e o ciclo das estações. O ser humano festejava o dia e temia a noite, e seus dias iam, de par em par, seguindo o ritmo da natureza. Já adiante, a cultura grega soube pensar um pouco sobre o tempo e trouxe a percepção natural para a vida subjetiva do homem. Nós também somos eternos repetidores do tempo, diriam os gregos, e tudo o que fazemos começa num ponto e, depois de uma espiral de acontecimentos, retorna a seu início. O eterno retorno era uma das bases do pensamento de muitos filósofos gregos. Mas há ainda a percepção judaica do tempo: para o povo judeu, o tempo teve começo, meio e terá fim. Deus criou tudo, organiza tudo e, na hora certa, vai levar à plenitude tudo o que foi criado um dia.

Em pleno começo do século XXI, compreendemos assim o tempo que nos limita: continuamos a ser marcados pelo cosmo, sentimos que tudo vai e retorna de certa forma, mas subjetivamente e por causa de nossa experiência de fé cristã, herança judaica, nós acreditamos que nossa vida teve seu começo e terá seu fim na plenitude do colo de Deus. Além disso, ainda existe a relação subjetiva com o tempo, aquela sensação de que o tempo passa rápido ou lento, de acordo com nossa disposição existencial e sentimental.

Seria demasiado limitado não considerar esse caráter simbólico do tempo e da vida. Ainda que o tempo seja convencionado em calendários e ciclos, sua presença simbólica em nós é muito mais forte que seu caráter cronológico. Para esse aspecto não mensurável do tempo, mas que influencia nossa vida, os gregos forjaram a palavra "kairós". Diferentemente do "cronos", devorador de minutos, o *kairós* é o tempo simbólico, divino, eternizado. *Cronos* mede-se com relógio, *kairós* mede-se com coração. Em ambos, tempo e espaço, temos chance de aprender e neles encontrar sentido para a vida.

E quem pensa que sabe tudo sobre a vida perde a chance de

desvendar os mistérios da vida que são infinitos! Um desses mistérios é a morte. Lembro-me de um texto do poeta Vinícius de Morais, chamado "Mistério a bordo", que devo ter lido pela vida afora e cuja última frase jamais me saiu da cabeça. Sempre quando pretendo falar de morte, a lembrança de tal sentença me aflora na memória e preciso repeti-la: "Morte, misteriosa mariposa". Há coisa mais soturna que o deslizante e silencioso voo noturno de uma mariposa, buscando na luz seu repouso eterno?

Escrevi tudo isso, tempo, espaço e mariposas, para introduzir nosso assunto neste último capítulo: a morte. Não nos assustemos, nem nos recusemos a ler o restante deste livro. Aliás, gostaria de dizer com todas as letras: NÓS VAMOS MORRER! Esta é uma certeza tão nítida que o ser humano desenvolveu ao longo de sua existência mecanismos que o permitem sentir-se imortal e, ao mesmo tempo, rituais que o permitem homenagear seus mortos.

Os resquícios mais antigos das civilizações humanas estão ligados aos ritos de sepultamento dos mortos e nos mostra que algo no homem sempre o relacionou com o sentido de eternidade, de vida pós-morte, se assim quisermos dizer. As religiões existem justamente para dar aos homens a esperança de que a VIDA não acaba com o último suspiro, mas que segue, misteriosamente, em outros níveis espirituais. O Cristianismo, nossa religião, tem uma linda teologia da morte e da vida eterna, sustentada na experiência única e revelada do Cristo Jesus, que nasceu, morreu e ressuscitou. Vale a pena conhecer o que a Igreja ensina sobre a morte, para que evitemos a confusão doutrinal e sejamos absorvidos por teses e ideias que em nada refletem a revelação de Deus Pai em Jesus Cristo Salvador.

Para o cristão, a vida é dom de Deus, única e exclusivamente para cada homem ou mulher que nasce. Deus nos dá a vida no momento da concepção, onde, misteriosamente, além da existência física, recebemos a presença espiritual do sagrado em nós.

O profeta Jeremias canta a beleza da exclusividade da vida em Deus quando pronuncia a frase tantas vezes repetida: "Antes que eu me formasse no ventre da minha mãe, tu me conhecias e me consagraste" (Jr 1,5). E nós que nascemos únicos, seremos únicos na vida e únicos na morte. O que construímos em vida será nossa herança na hora da entrega absoluta da vida para aquele que no-la deu. Seremos nós mesmos na morte e não outro... Seremos nós mesmos redimidos e glorificados e assim permaneceremos em Deus em contemplação eterna. Toda ideia fora disso que preveja renascimentos sucessivos e reencarnação, para remissão de pecados, é tese contrária à fé cristã. Não nos iludamos com belos discursos! Só Jesus é a Ressurreição e a Vida Eterna!

Infelizmente, quando o assunto é a **Vida Eterna**, muitos católicos acabam por misturar doutrinas e teologias. Conhecer o que a Igreja Católica ensina sobre esses temas – reunidos na disciplina teológica chamada escatologia – ajuda-nos a evitar confusões e ajuda-nos a não procurar consolo em doutrinas estranhas à fé, sobretudo em teorias do espiritismo. Fique claro que a doutrina espírita é completamente diferente da doutrina católica, e que entre ambas não é possível haver conciliação. O católico acredita que cada um de nós foi criado único por Deus, único somos na vida e, na morte, seremos únicos na hora da redenção. Teses reencarnacionistas não estão em consonância com o evangelho de Jesus Cristo.

A morte, vista pelos olhos da fé no ressuscitado, é um convite para que valorizemos cada dia de nossa vida, como se cada minuto fosse um presente único que Deus nos oferece, um dom que nos permite purificar nossa natureza corruptível em busca das realidades que não passam. A religião cristã jamais viu a morte como castigo ou como um fim. A morte será sempre o momento único e pessoal de encontro definitivo com Aquele que é razão de nossa fé. Vivemos para morrer em Cristo e, ainda que a experiência de presenciar a morte de alguém querido seja dolorida, o cristão jamais deveria desesperar-se diante dela: se passamos a vida sustentando que a morte é passagem para a vida plena, por que chorar diante dela?

Mas se por um lado temos de ter clareza e respeito pela morte, cultivar uma vida de valores para ir ao encontro da morte com dignidade, há um aspecto da morte que não pode ficar fora de nossa reflexão. Nós nos referimos, infelizmente, à morte prematura e violenta de jovens, sejam em situações por eles procuradas ou naquelas que os atinge como vítimas de um sistema social violento. Poderíamos enumerar aqui algumas dessas situações e você poderá fazer seu próprio juízo, considerando se essas situações podem ou não ser evitadas: tráfico e uso de drogas, acidentes de trânsito causados pelo consumo de bebidas alcoólicas, violência gratuita em clubes e baladas, suicídio pela falta de sentido de vida, envolvimento com grupos armados e milícias, busca de aventuras arriscadas, como rachas ou roleta russa. Para as vítimas dessas situações a morte chega cedo demais; para as famílias e amigos, fica a sensação de impotência e tristeza profundas.

Sabemos que nos pode parecer estranho falar assim, de modo tão duro, mas não podemos deixar de lado essas questões. A morte faz parte da vida. O difícil é falar da morte que vem por causa da irresponsabilidade humana. Mas, de todas as situações acima, qual é de fato inevitável? Nenhuma! Todas são evitáveis, pois elas são frutos de decisão clara e de liberdade. Obviamente, questões periféricas e o entorno que cerca os jovens podem favorecer o envolvimento com certas situações de morte. Talvez não seja justo culpar somente o jovem, pois ele é também vítima, afinal questões sociais, políticas e culturais são estopim para provocar a morte de nossos jovens. Mas não é esse o período da vida que deveria ser mais bem aproveitado? O tempo das conquistas afetivas, profissionais, o tempo dos sonhos e das amizades? E pensar que milhares de jovens nunca vão concluir seus projetos porque no meio do caminho suas vidas foram irresponsavelmente atiradas no lixo!

A morte, ainda que nem sempre pensemos nela, e por vezes até acreditemos que somos imortais, é um sinalizador vital – "lembras que tu és pó e ao pó retornarás". E o que colheremos da vida quando formos chamados de novo à terra? O que teremos construído interiormente como primícias a serem colocadas nas mãos de Deus? Será que teremos em mãos uma vida de busca de santidade ou será que seremos parcos em boas obras?

Querido jovem, não faça de sua vida um jogo de azar, não procure situações de morte, não desperdice o tempo precioso da vida procurando felicidade nos locais mais improváveis. Busque aquele que pode dar sentido para sua vida, mergulhe com fé e esperança no coração do Cristo, dê a Ele a chance de estar com você e transformar a morte prematura em vida abundante, em sonhos infinitos, em vontade de ser melhor e mais solidário. Só assim a mariposa misteriosa, símbolo da morte, poderá ser convertida numa belíssima borboleta azul-anil. Esta sim um sinal de vida!

**Para refletir:**

1. Como você vê a vida depois da morte? Acredita nisso? Conhece a teologia cristã sobre esse assunto?

2. Você conhece jovens que foram vítimas ou provocadores de mortes prematuras?
3. Como você lida com a morte? Pensa nisso? Ou finge que é imortal?

# 15

Caso você tenha chegado ao fim destas reflexões, resta-nos parabenizá-lo por seu interesse em crescer em suas reflexões e aspirações juvenis. Sua perseverança mostra seu desejo em ser um jovem que faz a diferença no mundo. Certamente, nas páginas lidas, alguma ideia, pensamento, frase, chamou sua atenção, fez você pensar, mexeu com seus sentimentos e com suas certezas. Pode ser que algum capítulo tenha sido mais interessante para você do que outros, mas queremos acreditar que, no fim das contas, alguma coisa em você está diferente. Não é possível terminar um livro, qualquer que seja, sem que nossas posturas internas e comportamentos não sofram algum tipo de alteração, para melhor ou, às vezes, para pior.

Passeando pelos temas com os quais o jovem se defronta todo dia, cada capítulo quis apresentar, de modo sintético e simples, pontos de apoio e de interrogação para a condução do cotidiano da vida. Como dissemos no início, este livro não pretendeu ser um tratado científico e muito menos dar conta de todos os aspectos da vida de um jovem de fé. Apenas acenou algumas possibilidades de se fazer da vida uma experiência maravilhosa e inesquecível, tendo como alicerce, apoio, companheiro e mestre nosso querido e amado Jesus Cristo, Filho de Deus.

Como última palavra, reafirmamos a convicção de que não há outro modo de ser completamente feliz, física e psiquicamente equilibrado, sem a experiência de apaixonamento radical por Jesus Cristo e sem a decisão madura de segui-lo, praticando os ensinamentos do Evangelho.

"Eu sou o Caminho, a Verdade e a Vida", Jesus nos diz ao pé do ouvido! E a você, jovem sonhador de uma vida e de um mundo melhor, cabe somente a resposta ao convite que Ele também faz a todo momento: "Vem e segue-me".

# II
# PRATICANDO

# 1

# Introdução

Por ocasião da Jornada Mundial da Juventude de Madri (2011), fizemos uma série de textos para facilitar às comunidades organizarem um grupo de jovens. Essas reflexões foram publicadas na *Revista de Aparecida* e resolvemos republicá-las aqui, fazendo uma pequena edição dos textos, como forma de continuar incentivando os jovens a formar um grupo em sua comunidade eclesial.

Tentamos organizar alguns pontos de interesse para comunidades que queiram ter a presença de um grupo de jovens como colaborador da proclamação do Reino de Deus. Não oferecemos aqui receitas prontas, mas somente alguns pontos de genéricos reflexão, mas fundamentais, para que um grupo de jovem possa ser constituído desde o início de modo sistemático e organizado.

Os temas abaixo descritos podem tornar-se, inclusive, temas de estudos para grupos que já existam e que precisam de uma renovação. Sempre é hora de avaliar a caminhada e acertar aquilo que possa estar um pouco defasado ou desconexo.

Como suplemento de nosso livro, desejamos que a leitura destes textos finais produza frutos concretos em sua comunidade. Deixe despertar o líder que existe em você e seja um instrumento de Deus entre seus pares. Boa leitura!

# 2

# Como formar um grupo de jovens?

O exercício de redação deste texto torna-se mais prazeroso ao saber que são muitos os corações que se sentem mais confiantes diante de nossas palavras. E quando há intenção de fazer o bem, tudo é ainda mais agradável. Aliás, foi esse sentimento de fazer o bem que nos inspirou uma ideia que gostaríamos de partilhar com você: que tal pensarmos um projeto de formação de um grupo de jovens? Isso mesmo! Já que é tão bom ficar junto com quem a gente gosta, que tal aproveitar esses momentos e torná-los especialmente dedicados a conhecer mais profundamente Jesus Cristo?

Talvez você já participe de um grupo de jovens. Há muitos grupos diferentes pelo país, desde os tradicionais grupos de Pastoral da Juventude, passando pelos grupos de oração, marcados pela espiritualidade da renovação carismática, e grupos pertencentes a movimentos específicos, como jovens da Legião de Maria, Jovens Vicentinos, Jovens Focolarinos etc. Ainda que exista uma lacuna muito grande na Igreja em relação aos jovens e que seja um desafio trabalhar pastoralmente com eles, em nenhum momento a Igreja deixou de buscar meios para integrar os jovens em suas comunidades. E seja dito com ênfase: há muitos jovens na igreja, sonhadores de um mundo melhor e que dão uma dinâmica diferente à vida eclesial.

Mas vai que aí, em sua comunidade, não exista um grupo de jovens. E que exista em seu coração um desejo enorme de começar um trabalho de evangelização com os jovens aí de seu bairro. O que fazer nessas horas? Como planejar a formação de um grupo com os amigos de sua comunidade? Bom, o primeiro impulso para que tudo aconteça é descruzar os braços, colocar os pés no chão, para olhar em Deus e partir para o planejamento e execução de seu ideal.

Vamos sugerir alguns passos básicos. Obviamente não é uma receita ou um itinerário a ser seguido de maneira espartana. São sugestões iniciais para que nasça um grupo bem organizado e espiritualmente consistente aí em sua comunidade. Vamos lá:

1. Para começar um trabalho na Igreja-Comunidade, é preciso rezar e pedir ao Espírito Santo que ajude no processo de discernimento das ideias. Tudo na Igreja deve nascer de uma inspiração de amor ao projeto de Jesus Cristo e do desejo de fazer conhecido e amado o Reino de Deus.

2. Ninguém faz nada sozinho! Antes de tudo, reúna os amigos da comunidade, veja se há interesse de mais gente em formar um grupo de reflexão e oração. Caso mais gente se interesse em começar com você esta aventura, siga o caminho adiante.

3. Procure o padre da comunidade – ou o coordenador responsável – para falar do projeto do grupo de jovens. Leve outros jovens com você e tenha em mãos o rascunho das ideias que vocês querem colocar em prática. Mostre ao padre ou ao coordenador que vocês estão animados e querem contribuir para o crescimento espiritual dos jovens e da comunidade como um todo.

4. Antes de ir ao encontro do padre, a propósito, é bom fazer uma reunião prévia com seus amigos e descrever algumas ações que vocês gostariam de fazer no grupo. É bom ter referências para começar um trabalho, tais como: nosso grupo será inspirado em alguma espiritualidade específica? Teremos encontros semanais? Faremos alguma ação social ou somente teremos encontros para oração e reflexão? Estaremos vinculados a algum movimento ou seremos parte da Pastoral da Juventude? De qualquer maneira, seu grupo precisará inserir-se dentro de um contexto eclesial mais amplo, do qual receberá inclusive apoio com materiais e cursos de formação.

5. Com as ideias na cabeça, o consentimento do padre e o ânimo dos jovens convocados, é hora de concretizar o grupo de jovens. Sempre é bom pensar em um nome – e um logotipo – que sintetize o ideal que se quer alcançar. A escolha do nome deve ser feita de modo democrático, se possível dentro de um encontro e após um momento de oração ao Espírito Santo. Lembre-se de que nome é identidade e seu grupo será reconhecido por meio dele. Sem contar que o nome vai ser o marketing do grupo, dando visibilidade do trabalho jovem no meio da comunidade.

Ufa! E isso é só o começo, mas como já diz o ditado popular: "devagar é que se vai longe". Bom, e depois de formado o grupo, o que fazer? Este é nosso próximo assunto.

3

# Formamos um grupo, e agora?

Começamos uma reflexão sobre *grupos de jovens*, como formá-los e fazer deles um meio de renovação de nossa comunidade. Os primeiros passos, recordemos, é ter o desejo de formar um grupo, ter o apoio de outros jovens e do padre da comunidade, criar um slogan para o grupo e começar as atividades.

Começar as atividades? Mas o que isso quer dizer? O que faz um grupo de jovens? Formamos o grupo, e agora? Bom, o primeiro passo é, obviamente, reunir o grupo em dia e hora previamente combinados e a partir de então estabelecer metas e objetivos. Tudo na vida, inclusive trabalhos de evangelização na Igreja, precisam ser orientados por objetivos claros, senão se corre o risco de fazer conforme a parábola do Evangelho: "Se um de vocês quer construir uma torre, primeiro senta e calcula quanto vai custar, para ver se o dinheiro dá. Se não fizer isso, ele consegue colocar os alicerces, mas não pode terminar a construção. Aí todos os que virem o que aconteceu vão caçoar dele, dizendo: Este homem começou a construir, mas não pôde terminar!" (Lc 14,28-30). Queremos que nosso empreendimento seja duradouro, ou seja, planejar é imprescindível!

A primeira e mais difícil tarefa em nosso grupo de jovens é confiar na perseverança de seus participantes. O jovem tem uma tendência natural de enfadar-se rapidamente. A busca do novo precisa ser o motor do grupo, ainda que um compromisso formal de adesão ao grupo seja aconselhável. A sugestão é propor ao padre uma missa com toda a comunidade reunida, na qual os jovens possam expressar seu desejo de tornarem partícipes de um novo projeto pastoral para o bem da comunidade. Esse gesto público de adesão cria um sentimento de pertença e importância do grupo na comunidade. Mas não se decepcione, caso, mais cedo ou mais tarde, alguns jovens que começaram muito animados logo rompam os laços que os unem ao grupo.

Estabelecida a participação dos jovens, há que escolher coordenadores do grupo. Aqui o risco é o do orgulho e do poder! Cuidado: coordenar significa cuidar para que o grupo cresça e se multiplique. O bom coordenador delega serviços, observa, corrige, mas também trabalha e é atuante, e, claro, aceita críticas! Na verdade, é bom que o grupo tenha um conselho de coordenação, com três ou quatro pessoas, e nunca deixe a responsabilidade somente em uma única pessoa.

Feita a escolha dos coordenadores, é hora de todos juntos desenharem os objetivos do grupo recém-formado. A pergunta então desabrocha: para que e para quem esse grupo existe? Há um imperativo de natureza teológico-pastoral que precisa estar na suposição da resposta – tudo o que é feito na Igreja existe para proclamar o nome de Jesus Cristo e a Boa-Nova de seu Reino. Para nosso grupo, quais serão os caminhos concretos para realizar essa nobre missão? Qual diferencial marcará nosso grupo em nossa comunidade? Ao perguntar sobre a missão do grupo, os objetivos vão delineando-se em nossa frente e passo a passo vamos dando uma "cara" para nosso trabalho pastoral com a juventude. Uma coisa é certa: não há que começar nenhuma atividade, nem espiritual, nem social ou cultural, sem antes ter claro para onde queremos caminhar! Obviamente, no percurso muita coisa nova aparecerá e talvez tenhamos de tomar outros caminhos, mas antes de lançar-se com seu grupo pense *aonde* quer chegar e *como* fará para chegar lá!

Resumindo, formado o grupo, é hora de estabelecer metas, escolher coordenadores e criar um clima de fidelidade e perseverança entre os participantes. Definidos esses passos, é hora de começar a viver a alegria de ter um grupo que sonha em construir, com Jesus e Maria, um mundo melhor.

# 4

# Os ministérios de música no grupo

Um dos segredos para manter qualquer projeto se chama planejamento. Essa palavrinha tão importante serve também para quem quer manter e fazer crescer um grupo de jovens. Para onde vamos? Que datas queremos celebrar com mais destaques? Como será nosso envolvimento com a comunidade? Faremos alguma festa ou encontro? Planejar é o primeiro passo para fortalecer o grupo e fazê-lo crescer, atraindo mais jovens para Cristo!

Uma forma de organizar o trabalho de evangelização de nosso grupo é encontrar pessoas que cuidem dos diversos ministérios que o compõem. Assim podemos ter um grupo de coordenação central, e diversos responsáveis em outros trabalhos, por exemplo, liturgia, ação social, eventos, músicas e estudos! Aqui deve entrar a teologia paulina do corpo: existe uma só Cabeça, o Cristo, mas o corpo tem muitos membros, cada um é importante para dar unidade ao corpo. Nosso grupo será mais completo se nele houver ministérios diversos e pessoas com carismas para cuidar de cada um desses "setores". Não há o que seja mais ou menos importante, mas cada um é parte essencial do todo.

A partir dessa teologia do corpo, do todo e das partes, que eu tomo a liberdade para falar um pouco sobre ministérios de músicas nos grupos de jovens. Ninguém em sã consciência seria capaz de discordar que a música é fator de agregação do jovem em torno de um ideal e que a presença da música nos grupos faz toda a diferença. Não há encontros entre jovens sem que haja a cadência melódica de alguma canção. Na Igreja não é diferente: a musicalidade de nossos grupos é marca registrada dos jovens na Igreja. Ainda que seja com apenas um violão, o som das canções atrai, congrega, incentiva e se espalha em boas notícias pelas casas e pelas ruas.

Há algo sagrado em toda música, e em músicas feitas para evangelizar esse conteúdo sagrado é explícito. Geralmente, os ministérios de música consideram-se verdadeiros pregadores do Evangelho, e de fato o são, se ao cantar colocam em destaque o nome de Jesus. "É preciso que o Cristo cresça e eu diminua", frase de João Batista, que deveria ser repetida como mantra por todos os que se colocam no caminho junto com o Filho de Deus!

Por isso, em nossos grupos, acontece quase sempre um destaque natural daqueles que são responsáveis pelo ministério musical. A exigência do som de qualidade e a presença marcante nos encontros geram admiração da comunidade e exposição dos cantores e instrumentistas. Devagar, sobretudo se o ministério musical tiver qualidade vocal e melódica, eles acabam por atrair a atenção. E aqui mora o perigo: é nesse momento que o grupo vai precisar de maturidade humana e cristã para não ser motivo de desagregação!

O ministério de música, ao ser o centro das atenções, corre o risco de considerar-se mais importante ou fundamental que outros ministérios do grupo, bebendo da fonte do orgulho e provocando o veneno destrutivo da inveja! Cabe aos coordenadores do grupo não permitir que este ou aquele membro do grupo, ou todo o ministério musical, acabe colocando-se como elemento fundamental do projeto. Toda hora é hora de recordar que só uma é a Cabeça da Fé, o Cristo Ressuscitado, e todos nós, em nossas atividades, somos membros do corpo e temos por isso mesmo a dignidade equivalente de filhos de Deus! E como encontramos por aí grupos e ministérios que se colocam no centro, deixando o Cristo e a mensagem do evangelho escondidos por detrás de suas próprias aspirações e aparências! Há tantos que usam o Cristo para projetarem suas próprias ideias...

Bom, não há grupo de jovens sem ministérios e todos eles exigem sabedoria para serem coordenados! Ainda que eu tenha destacado o ministério musical, todos os serviços, se não forem feitos com vistas a proclamar o Cristo, podem converter-se em momentos de orgulhoso pecado! Pense nisso, sendo um servo e não buscando ser servido!

# 5

# O ministério litúrgico em nosso grupo de jovens

Vamos continuar a preparação de nosso *Grupo de Jovens*. E que tal fazer uma pequena recordação de nosso projeto? Já vimos os primeiros passos para começar um grupo na comunidade ou na paróquia – chamar alguns amigos, propor um projeto de evangelização juvenil, envolver o pároco e os outros membros da comunidade; depois falamos da necessidade de uma coordenação servidora que zele pelo crescimento do grupo, afinal, um líder cristão deve ser o servidor de todos; e mostramos que, dentre os muitos ministérios em um grupo de jovens, a música tem destaque e é responsável por agregar os participantes ao redor da espiritualidade eclesial da juventude, por isso não se deve fazer do ministério de música um local de exibicionismo, mas de serviço.

Agora é hora de falar de outro momento essencial para o crescimento do *Grupo de Jovem* e o fortalecimento de sua espiritualidade pastoral e eclesial: a *dimensão litúrgica,* que precisa envolver e organizar toda a estrutura do grupo. Quando dizemos "liturgia", queremos referir-nos aos aspectos celebrativos do grupo e aqui cabem duas distinções para facilitar nossa conversa:

1) liturgia enquanto vínculo com a Igreja e suas realidades sacramentais;

2) liturgia enquanto dinâmica interna do grupo, ação que vai oferecer aos jovens o senso de pertença, coerência e integração.

A dimensão litúrgica sacramental, vínculo com a Igreja, refere-se ao engajamento dos jovens de nosso grupo ao contexto geral de nossa comunidade paroquial com suas celebrações, especialmente a santa missa. Aliás, a Eucaristia é a celebração litúrgica por excelência! O próprio Jesus Cristo, que está realmente presente no Pão e Vinho consagrados, oferece-se a nós como sinal supremo de amor e perdão! Um grupo de jovens que não participa da missa da comunidade é um grupo que, isolando-se, certamente morrerá de inanição – o alimento de nosso grupo precisa ser o Cristo Eucarístico!

Na missa há espaço para que o grupo de jovens exerça diversos ministérios, desde a própria animação com as músicas, passando pelos ministérios de leitores, acólitos, ministros de acolhida; enfim, basta querer e não faltarão serviços para serem exercidos em favor da liturgia. Claro que todo envolvimento é progressivo, por isso, no começo do grupo o ideal é que todos os membros participem da missa, se possível juntos, para mostrar unidade; além do encontro semanal do próprio grupo, a missa torna-se outro momento de encontro no qual a experiência espiritual é cultivada e partilhada.

Quando o grupo estiver mais amadurecido, é importante ocupar espaço na liturgia, envolver-se com a preparação da missa. Uma boa dica seria pedir ao padre responsável pela comunidade que oferecesse uma missa semanal aos cuidados dos jovens. Esta seria a missa da juventude de sua comunidade e seu grupo seria responsável por organizá-la, dentro do espírito jovem, mas com total respeito às orientações da Igreja e da comunidade. Já vi muitos grupos de jovens querendo fazer da missa verdadeiras encenações e desrespeitando o ritmo santificante da liturgia! Uma missa coordenada por jovens não precisa ser uma missa barulhenta ou desorganizada, concorda comigo?

Enfim, temos a "liturgia" interna do grupo, o ritmo de seu encontro semanal e a sequência de ações que são realizadas quando os jovens se encontram para rezar e partilhar suas experiências de amor a Deus e aos irmãos. Cuidar desse encontro semanal com carinho, estabelecer um roteiro de trabalho, reservar espaço para oração e para partilha, cantos e leitura da palavra, tudo isso é também uma liturgia. Este roteiro de trabalho, onde há espaço para todos, é a forma pela qual o jovem se integra e se identifica ao grupo. Por isso, aos coordenadores cabe a tarefa de organizar os encontros, com começo, meio e fim, para que o sentido de organização esteja presente.

O encontro de jovens, mais do que um momento de reunião, é um momento de celebração, por isso eu o chamo de momento litúrgico. Obviamente, reuniões para decidir coisas práticas do grupo, datas e eventos, precisam acontecer, mas essas reuniões não devem ser confundidas com os encontros semanais do grupo. Estes, se queremos mesmo que nosso grupo cresça e se fortaleça, devem ter tempo para celebrar, rezar, cantar e partilhar o bem que temos feito pelos outros e pela construção do Reino de Deus!

6

# Mãos na massa e olhar no horizonte!

Grupo formado, pessoas animadas pela música e pela liturgia, sonhadores de um mundo novo e melhor: de repente damos conta de que um grupo de jovens é algo dinâmico e vivo, afinal, jovens são pessoas que estão sempre querendo coisas diferentes! E a sensação de que há algo por fazer começa a "pipocar" em nosso grupo de modo incontrolável. Surgem vozes pedindo algo mais do que ficar na igreja ou no salão paroquial refletindo a Palavra, cantando e louvando o Senhor. Vozes que começam a entender o imperativo do chamado de Jesus: "Eu vim para que todos tenham vida em abundância" (Jo 10,10). E aquele desejo de ser solidário com alguém ou com algum grupo ou instituição torna-se forte demais para ser repelido. Nosso grupo, nesse estágio, amadureceu, e o jovem discípulo torna-se agora desejoso de ser missionário! Fé e vida se encontram e a maturidade de grupo acontece: o estar com o Senhor em oração faz-se força motriz que gera solidariedade concreta; e o jovem solidário e presente na sociedade encontrará razões para se encontrar com a oração colegiada em seu grupo.

Aqui está o que poderíamos chamar de perfeição cristã: a comunhão profunda, equilibrada e duradoura entre aquilo que poderíamos chamar de ação e oração ou, de como já foi dito, fé e vida! Obviamente, tal estágio de vida é fruto de consistente aproximação com o Cristo, e ainda que pareça improvável fazer tal experiência, é o primeiro passo para o caminho da santidade. Num grupo de jovem temos o cenário ideal para cultivar esses dois imperativos da vida cristã – fé e vida – em corações que, aprendendo a arte de amar, já a apreendem dentro de uma perspectiva de comunhão. No grupo de jovem, digo aqui com todas as letras, não pode faltar a pedagogia da ação concreta em favor dos mais pobres e esquecidos. Um grupo que dispensa tempo em louvores e êxtases espirituais, e nada faz de concreto para que sua comunidade seja mais solidária com os "pequeninos do Senhor", certamente é incompleto e egoísta!

Na história da espiritualidade cristã, houve sempre momentos de extremos dualistas e maniqueístas. Essa luta entre corpo e alma, fé e razão, oração e ação social, enfim, esses extremos dualistas, recebidos na vida cristã como herança dos gregos, que por sua vez a receberam da cosmogonia persa, tem trazido, ao longo dos séculos, uma separação absurda entre matéria e espírito na vida do cristão. Sempre é bom lembrar que para a mentalidade judaica – raiz bíblica de nossa fé – o ser humano é sempre considerado como um todo: corpo e espírito são partes de uma mesma realidade, convivem e se dão sentido. O homem todo louva a Deus e o homem todo com Deus se encontrará no dia de seu juízo. Assim deve ser lida, inclusive a Ressurreição de Jesus – nele tudo foi refeito pelo amor de Deus, corpo e essência interior. Não há separação, basta conferir a Palavra de Deus!

Mas o dualismo grego, por razões culturais, inculcou-nos na religião seus pontos de vista. E assim, por razões óbvias, houve aqueles que na história da religião assumiram um cuidado extremado com seu espírito, considerando o corpo como raiz e depósito de todo o mal do mundo. Espiritualistas, poderíamos chamá-los. Em outro extremo, surgiram os que, desconsiderando toda experiência interior e subjetiva da fé, lançaram-se em programas de vida marcados pela ação social entre os povos mais pobres, envolvimentos em movimentos sociais, grupos de debate político, sindicatos e uma série de ações ao lado dos mais pobres e excluídos, pensando na construção rápida do Reino de Deus na terra. De modo geral, chamemo-los de materialistas!

Ambos, caso procuremos razões, têm suas qualidades e méritos. Ambos amam Jesus Cristo e por ele dedicam a vida, ainda que o façam de modo fundamentalista, seja pensando só na oração ou somente na ação social. Aqui entra a sabedoria de Tomás de Aquino, que há muito já nos alertava que *"in medio virtus"*, ou seja, a virtude está no equilíbrio e não nos extremos. "Nem tanto ao céu, nem tanto à terra", diriam os antigos em sua sabedoria popular!

O grupo de jovem, se quer ser saudável, duravél, presente e atuante na comunidade, não pode esquivar-se de conhecer a realidade de seu ambiente social e, ao lado de outros grupos, precisa propor respostas para os problemas concretos que encontrar: pobreza, falta de justiça social, abandono político, violência familiar e urbana, falta de oportunidades de emprego etc. Aqui entra a ação social de seu grupo, que pode ser simples, como coletar alimentos para famílias carentes, ou ser mais elaborado, como provocar debate entre os candidatos a vereadores e prefeitos de sua comunidade por ocasião das eleições.

Muito teríamos para dizer, mas creio que o essencial pode ser resumido em duas palavras: fé e vida. Equilibradas e unidas, essas duas palavras fazem milagres!

7

# Novas lideranças para novas ideias!

Queremos dizer, neste último capítulo de nossa série de textos, uma palavra sobre a *liderança nos grupos de jovens*. Na verdade, o objetivo deste texto é estimular a perseverança e continuidade do projeto do grupo, mostrando que os próprios jovens motivam e formam lideranças, e não devem deixar morrer o trabalho começado. Quando alcançamos a sabedoria e a humildade em entender que a vida é um processo vivo entre passado, presente e futuro, conseguimos abrir mão de algumas coisas e dar espaço para que outros continuem aquilo que iniciamos. Quando somos capazes de promover o crescimento de novos líderes em nosso grupo, sem medo de delegar o uso do poder e sem receio de que novas ideias apareçam, aí sim estamos amadurecidos no exercício da liderança dentro de uma perspectiva cristã. Quão triste são grupos de jovens (ou outros grupos) que morrem de inanição espiritual porque não foram capazes de renovar suas lideranças e seus projetos!

Uma grande lição que aprendemos quando falamos em liderança e exercício do poder é a compreensão de que todos sempre têm algum defeito e tantas outras qualidades. E saber liderar com sabedoria é uma qualidade que, em alguns, sendo inata, pode também ser aprimorada ao longo da vida. A liderança cristã, a ser desenvolvida para a coordenação de nosso grupo, precisa carregar os traços da liderança de Jesus. E quais seriam esses traços? Vou enumerar alguns e você pode analisar se eles estão presentes no modo em que está sendo feita a coordenação de seu grupo de jovens.

*Primeira lição de Jesus:* liderar significa servir o outro, a partir de suas qualidades, dons do Espírito Santo de Deus! A liderança de Jesus – e Ele ensinava com autoridade – partia sempre do pressuposto de que o outro era a razão da missão. Jesus não era líder legislando em favor de si mesmo, mas era líder porque trazia o outro para o lugar de destaque.

*Segunda lição de Jesus:* ser líder não é ter *status quo* nem motivo para espezinhar a vida dos outros, submetendo todos a seus caprichos. Isso é coisa de ditador, não de líder. O líder, segundo a espiritualidade cristã, é o primeiro a colocar-se à disposição em momentos de crise e assume para si a responsabilidade pelos erros do grupo. Quem coloca fardos nas costas dos outros "foge da raia" e acha que é "a última bolacha do pacote" não serve para liderar!

*Terceira lição de Jesus:* o verdadeiro líder cristão ensina seus companheiros a desenvolver as próprias habilidades de liderança. Veja o exemplo de Jesus (nossa referência em todas as situações): o mestre de Nazaré não só soube liderar com precisão, carinho e justiça, mas formou um grupo de discípulos, aos quais ensinava reservadamente as grandes lições do Reino de Deus e o modo de acolher a todos, sobretudo os mais necessitados. Jesus soube partilhar a liderança, deu lições de responsabilidades e não quis realizar sua missão de redentor da humanidade sozinho. Sua preocupação em formar um grupo – e consequentemente uma Igreja – tinha o fator primordial de garantir a continuidade da fé por meio de lideranças positivas!

Com essas palavras de incentivo para que em nosso grupo as lideranças sejam renovadas e com elas o dinamismo de nosso grupo, fechamos esta etapa de reflexão. Tomara que você consiga juntar uma boa turma de jovens e comece esta aventura prazerosa e redentora de ter um grupo de jovens, unidos com Cristo e com Maria Santíssima! Boa sorte!

Em tempo: se você precisar de material e subsídios para refletir em seu grupo, ou se quiser ficar por dentro dos caminhos da juventude no Brasil, sugerimos que acesse nosso canal jovem do Portal *A12.com*. Nele você encontra muito material interessante para alimentar sua espiritualidade e a vida de seu grupo.

Canal Jovens de Maria: www.a12.com/jovensdemaria
Rede Social: www.facebook.com/jovensdemaria